分県登山ガイド 27

兵庫県の山

加藤芳樹 著

山と溪谷社

分県登山ガイド――27

兵庫県の山

目次

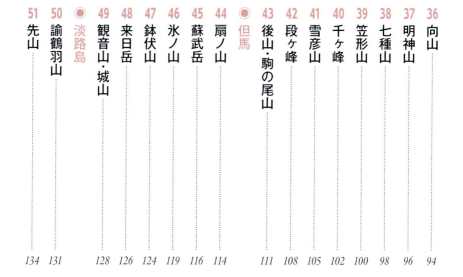

●本文地図主要凡例●

- 紹介するメインコース。
- 本文か脚注で紹介しているサブコース。一部、地図内でのみ紹介するコースもあります。
- Start Goal Start Goal 225m 出発点／終着点／出発点および終着点の標高数値
- 管理人在中の山小屋もしくは宿泊施設
- 紹介するコースのコースタイムのポイントとなる山頂。
- コースタイムのポイント。
- 管理人不在の山小屋もしくは避難小屋

兵庫県の山 全図

▲❶六甲山 本書で紹介する山名とコース番号
◎○ 市役所・町村役場
国道と国道ナンバー
高速道路・自動車専用道路
JR線
JR新幹線
私鉄線
N
1:650,000
0
20km
鳥取県
兵庫県
京都府
㊾観音山
城山㊾
新温泉町
香美町
来日岳㊽
扇ノ山㊹
㊺蘇武岳
鉢伏山㊼
㊻氷ノ山
駒の尾山㊸
後山㊸
段ヶ峰㊷
千ヶ峰㊵
雪彦山㊶
㊴笠形山
㊱向山
三尾山㉓
㉑白髪岳
⑳御岳
⑳小金ヶ岳
岩美町
鳥取市
八頭町
若桜町
西粟倉村
奈義町
勝央町
養父市
朝来市
豊岡市
京丹後市
舞鶴市
福知山市
綾部市
丹波市
京丹波町
篠山市
神河町
生野高原
山陰本線
京都丹後鉄道
若桜鉄道
因美線
鳥取自動車道
北近畿豊岡自動車道
播但連絡道路
播但線
福知山線
舞鶴線
舞鶴若狭自動車道
京都縦貫自動車道
鳥取IC
河原IC
智頭IC
和田山IC
朝来IC
氷上IC
春日IC
福知山IC
綾部IC
舞鶴西IC
舞鶴東IC
舞鶴大江IC
丹波IC
津山IC
はまさか
かすみ
きのさきおんせん
とよおか
ようか
わだやま
ふくちやま
あやべ
にしまいづる
ひがしまいづる
わち
たにかわ
いそべ
いくの
こおげ
ちず
あみの
はまむら
9
482
178
312
175
176
429
29
53
427
27

岡山県
香川県
徳島県
大阪府
和歌山県
播磨灘
大阪湾
1 六甲最高峰
2 荒地山
2 東お多福山
3 摩耶山
4 菊水山
5 再度山
5 市章山
6 高取山
7 須磨アルプス
8 帝釈山
9 稚子ヶ墓山
10 雌岡山
10 雄岡山
11 能勢妙見山
13 大船山
14 有馬富士
15 千丈寺山
16 羽束山
17 大岩ヶ岳
18 大峰山
18 福知山線廃線敷
19 中山連山
24 小野アルプス
25 飯盛山
26 高御位山
26 桶居山
27 小富士山
28 笠松山
28 善防山
29 書写山
30 とんがり山
31 新龍アルプス
32 天下台山
33 雄鷹台山
34 三草山
38 七種山
50 諭鶴羽山
51 先山
丹生山
上郡町
和気町
備前市
瀬戸内市
赤穂市
たつの市
太子町
姫路市
高砂市
加古川市
播磨町
稲美町
明石市
三木市
小野市
加西市
加東市
福崎町
三田市
猪名川町
宝塚市
川西市
池田市
伊丹市
尼崎市
西宮市
芦屋市
神戸市
堺市
高石市
泉大津市
和泉市
岸和田市
貝塚市
泉佐野市
泉南市
阪南市
岬町
和歌山市
岩出町
紀の川市
かつらぎ町
淡路市
洲本市
南あわじ市
鳴門市
さぬき市
東かがわ市
土庄町
小豆島町
家島諸島
明石海峡大橋
神戸空港
関西国際空港

概説　兵庫県の山

加藤芳樹

兵庫県は、北は日本海、南は瀬戸内海に面し、東西も幅広く、近畿地方では最大の面積を誇る。それだけに山岳もさまざまだ。

たとえば、冬なら北部は多量の雪で閉ざされ、雪山の様相となるが、南部では瀬戸内の陽気で陽だまりハイクが楽しめる。交通手段も、鉄道網の充実した南部は駅から登れる山が多いが、北部に行くと鉄道が限られていて、バスに乗り継ぐか、マイカー利用の登山となることが多い。

兵庫県の山をここでは便宜上、六甲《ろっこう》・北摂《ほくせつ》、丹波《たんば》、但馬《たじま》、播州《ばんしゅう》、淡路島《あわじしま》と区切って紹介しよう。

●山域の特徴

●六甲・北摂の山　六甲山《ろっこうさん》は、関西では初心者からベテランまでが楽しめる山として抜群の人気を誇っている。「六甲山」とは山域としてのよび名であり、東は宝塚《たからづか》から西は神戸《こうべ》の須磨《すま》まで、直線距離にして30キロ、本書では代表的な山と登山コースしか紹介していないが、登山道は豊富で、無数に組み合わせることができる。江戸時代には薪炭林として活用され、禿山だったことは有名で、緑化がはじまったのは明治時代以降、現在の緑の姿になるには時間がかかっている。

六甲山は、今は遷移植物のアカマツや、荒地に根づきやすいオオバヤシャブシが優勢で、里山にはコナラなども多く、最高峰付近には一部イヌブナも見られる。したがって花も荒地に強いツツジ類が目立つ。極相林はアカガシやスダジイなどの照葉樹林で、伐採を免れていた再度山《ふたたびさん》の大竜寺《たいりゅうじ》周辺や、摩耶山《まやさん》の旧天上寺《てんじょうじ》付近で見ることができる。

歴史的に見れば、これらの古刹への参詣道や、江戸時代に間道として使われた峠越えの道などがあり、それらが今のハイキング道として利用されている。

明治になると、神戸の居留外国人が六甲山をレジャーの山として注目し、日本ではじめてのゴルフ場を開設したほか、登山を楽しむグループもいた。また大正時代から昭和にかけて、阪神間の登山家たちが結成した岩登りと雪山専門の山岳会、R・C・C（ロッククライミングクラブ）が芦屋《あしや》ロックガーデンを中心に、六甲山で研鑽を積んだ。六甲山が近代アルピニズム誕生の地といわれるゆえんだ。

北摂地域は、昔の「摂津国の北部」という意味である。妙見山《みょうけんさん》や、本書では紹介していないが、剣尾《けんび》山《さん》、三草山《みくさやま》など、大阪との府県境や、三田《さんだ》周辺の山など、いわゆる里山が多い。クヌギやアベマキ、コナラを中心とした雑木林で、台場クヌギや炭焼窯跡など、山村の暮らしと山との関係が見てとれ、味わい深い山が多い。

●丹波　「丹波」とは北摂より北の地域で、厳密には京都の一部も含んでいる。兵庫県では篠山《ささやま》市周辺が中心だ。

やはり里山が中心となるが、小《こ》金《がね》ケ岳《たけ》や三尾山《みつおやま》など、岩頭が露出

梅林が広がる雌岡山から雄岡山を見る

コンパクトながらダイナミックな景観が広がる須磨アルプス

した険阻な山も見られる。それゆえ、御岳《みたけ》など、山の宗教・修験道の場となった山が多い。気をつければならないのは、北摂の山も同様だが、秋のマツタケの季節は立入禁止になる場所があるということ。この時期は特に登山道をはずさないように注意したい。

花はツツジ類が多いが、岩稜の山には薄黄色の花をつけるヒカゲツツジが特徴的で、本書で紹介した山では、小金ヶ岳、三尾山、向《むかい》山《やま》などで見られる。

また、篠山周辺の山の秋は、味覚の楽しみがある。ボタン鍋や黒豆、山芋などを味わったりすると、登山の楽しみが増える。

●但馬　兵庫県の北部、日本海に面する豊岡《とよおか》市、新温泉《しんおんせん》町、内陸部の養父《やぶ》市、宍粟《しそう》市の一部がそれにあたる。

兵庫県では、標高が1000《メートル》を超える山はほぼ但馬に集中している。県下最高峰の氷ノ山《ひょうせん》（1510《メートル》）も但馬にある。ただ、標高こそ高いが、全般には峻嶮というよりはなだらかな山容をした山が多いのが特徴だ。

高さに加え、緯度も高いことや日本海に近いことも手伝って、冬季には積雪が多く、冬山経験者向きの山となる。それだけに春は遅く、登山シーズンは5月に入ってからである。

植生は、県下の他地域に見られるコナラやクヌギなどの雑木林に加え、みごとなブナ林が見られる。ただし、スキー場が多い関係で、麓が開発されている山も多い。

この地域では、2人の但馬出身の人物を偲ぶ登山もいい。

ひとりは冒険家・植村直己である。旧日高《ひだか》町出身の植村は、子供のころに蘇武岳《そぶだけ》に登ったことを書

峩々とした岩がそびえる雪彦山

き記している。彼が登山にのめりこんだのは、明治大学山岳部入部以降の話で、のちに日本人ではじめてのエヴェレスト登頂、五大陸最高峰登頂、犬ゾリでの北極点到達、グリーンランド横断など、探検史に輝かしい足跡を残している。その土壌が但馬の山にあるとするのは、考えすぎだろうか。

もうひとりは、昭和初期の単独行の登山家・加藤文太郎である。浜坂《はまさか》出身の彼は、中学卒業後に、神戸の三菱内燃機製作所に入る。そして、ここで登山を覚え、六甲山縦走をはじめ、兵庫県の山々に遊び、のちには、たったひとりで10日間内外の厳冬期の北アルプス行をなしとげ、単独行の登山家として全国的に名を知られるようになる。神戸から浜坂まで徒歩で帰ることもあり、しばしば氷ノ山や扇《おうぎ》ノ山《せん》、そのほか、岡山県境の山々に入り、それらの山々をアルプスの山々になぞらえ、氷ノ山を「兵庫槍」など「兵庫○○」と名づけて楽しんだ。昭和11年、厳冬の槍《やり》ケ岳《たけ》北鎌《きたかま》尾根で遭難死した加藤の墓は、故郷・浜坂の町中にある。

高取山から見下ろす神戸の街

七種山の岩場を行く

但馬の氷ノ山の冬は積雪が多い

蘇武岳の登山道は巨樹が多い。これは大トチノキ

●播州の山々

「播州」とひと口にいっても、その範囲は非常に広い。播州は旧播磨国《はりまのくに》のことで、北播磨、東播磨、西播磨と分けることもあるが、兵庫県の面積の3分の1から半分程度がこの播州に含まれる。南北は南の播磨灘《はりまなだ》（瀬戸内海）沿岸から北の播但《ばんたん》国境といわれる生野《いくの》あたりまで、東西は東の明石《あかし》市から西の岡山県境（美《みま》作国《さかのくに》国境）までである。

全般的な特徴としては、岩稜が多いことだろう。そういう山が登山対象となっているということもあるが、特に南部の播磨平野は、標高300㍍までの岩山が多く、鉄道駅から登れて手軽な上に、播磨灘を望む大展望が広がる。京阪神からやや遠いが、もっと注目されていい山域だ。もちろん地元では人気のある山が多い。高御位山《たかみくらやま》などがその代表例といっていいだろう。ただし、低山で、かつ日陰に乏しいため、真夏はおすすめしない。花は4月上旬のコバノミツバツツジがいい。

内陸部に移ると標高は高くなるが、やはり岩山が注目される。姫路市北部の雪彦山《せっぴこさん》、福崎《ふくさき》町の七種《なぐさ》山《やま》、明神山《みょうじんやま》などがそれである。

島の山らしい風情の先山

北部に行くと、1000メートルを超える山もあり、山容も但馬の山に近くなる。中南部とはうって変わって穏やかで、稜線漫歩を楽しめる山々が多い。特に「生野高原」とよばれるあたりがそうで、段《だん》ヶ峰《みね》はまさに高原状ですばらしい開放感が味わえる。近くにはススキ草原で知られる砥峰《とのみね》高原などもある。

なお、中・北部の山は公共交通機関が限定されるので、マイカー利用が基本となる。

■淡路島の山　瀬戸内海最大の島、淡路島には登山対象となる山もいくつかある。

『古事記』に記される国生み伝説では、「おのころ島」として、イザナギ、イザナミの二柱が手にした天の逆鉾から滴り落ちた潮が、淡路島（一説には沼島《ぬしま》）になったとされ、島内には国生み伝説にまつわる場所も多い。先山は最初につくられた山という意味の名だ。

山は高くはないが、その分、古くから信仰の対象となり、寺院や神社が設けられた。そのため、山中にも道路がつけられているが、古い参道が残っていて、登山道として使われている。また、島特有の風情も楽しみのひとつといえる。

本書の使い方

■日程　神戸市や大阪市を起点に、アクセスを含めて、初級クラスの登山者を想定した日程としています。

■歩行時間　登山の初心者が無理なく歩ける時間を想定しています。ただし休憩時間は含みません。

■歩行距離　2万5000分ノ1地形図から算出したおおよその距離を紹介しています。

■累積標高差　2万5000分ノ1地形図から算出したおおよその数値を紹介しています。は登りの総和、は下りの総和です。

■技術度　5段階で技術度・危険度を示しています。は登山の初心者向きのコースで、比較的安全に歩けるコース。は中級以上の登山経験が必要で、一部に岩場やすべりやすい場所があるものの、滑落や落石、転落の危険度は低いコース。は読図力があり、岩場を登る基本技術を身につけた中～上級者向きで、ハシゴや鎖場など困難な岩場の通過があり、転落や滑落、落石の危険度があるコース。は登山に充分な経験があり、岩場や雪渓を安定して通過できる能力がある熟達者向き、危険度の高い鎖場や道の不明瞭なやぶがあるコース。は登山全般に高い技術と経験が必要で、岩場や急な雪渓など、緊張を強いられる危険箇所が長く続き、滑落や転落の危険が極めて高いコースを示します。『兵庫県の山』の場合はが最高ランクになります。

■体力度　登山の消費エネルギー量を数値化することによって安全登山を提起する鹿屋体育大学・山本正嘉教授の研究成果をもとにランク付けしています。ランクは、①歩行時間、②歩行距離、③登りの累積標高差、④下りの累積標高差に一定の数値をかけ、その総和を求める「コース定数」に基づいて、10段階で示しています。が1、が2となります。通常、日帰りコースは「コース定数」が40以内で、～（1～3ランク）。激しい急坂や危険度の高いハシゴ場や鎖場などがあるコースは、これに～（1～2ランク）をプラスしています。また、山中泊するコースの場合は、「コース定数」が40以上となり、泊数に応じて～もしくはそれ以上がプラスされます。『兵庫県の山』の場合はが最高ランクになります。

紹介した「コース定数」は登山に必要なエネルギー量や水分補給量を算出することができるので、疲労の防止や熱中症予防に役立てることもできます。体力の消耗を防ぐには、下記の計算式で算出したエネルギー消費量（脱水量）の70～80パーセント程度を補給するとよいでしょう。なお、夏など、暑い時期には脱水量はもう少し大きくなります。

時間の要素　距離の要素　重さの要素

行動中のエネルギー消費量（kcal）＝［1.8×行動時間（h）＋ 0.3×歩行距離（km）＋ 10.0×上りの累積標高差（km）＋ 0.6×下りの累積標高差（km）］×［体重（kg）＋ザック重量（kg）］

山側の情報 ―「コース定数」　登山者側の情報

＊kcalをmlに読み替えるとおおよその脱水量がわかります

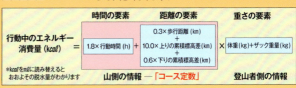

01 関西を代表する名コースで有馬温泉へ

六甲最高峰

ろっこうさいこうほう
931m

日帰り

歩行時間＝4時間20分
歩行距離＝13・4㎞

技術度 2/5
体力度 2/5

コース定数＝**24**

標高差＝902m

累積標高差 ↗1213m ↘881m

「六甲山」と俗にいうが、東西に長い山地の総称で、その最高点、931メートルを「六甲最高峰」あるいは「六甲山最高峰」とよんでいる。古くはその肩を「魚屋道《ととやみち》」とよばれる六甲越の道が大阪湾沿岸の灘《なだ》から有馬《ありま》へと通じていた。「大山《おおやま》」ともよんでいたようだ。今は関西の登山道を代表するコースとして、日々、老若男女が六甲登山を味わいに訪れている。

起点は**阪急《はんきゅう》芦屋川《あしやがわ》駅**だ。芦屋川に沿って山の手に向かって歩きはじめる。右に公園を見て緩やかな登りになるが、「高座《こうざ》ノ滝」を示す道標にしたがって左に折れ、道なりに右にカーブしていくと、「滝道」とよばれる緑陰の道になる。

やがてロックガーデンの入口があり、滝の茶屋、続いて大谷《おおたに》茶屋のある**高座ノ滝**に出る。ここが登山口になる。

階段を上がり、尾根に立つと、尾根伝いに登山道が続く。この尾根を「中央稜」とよんでいる。鎖場を経て登っていくが、風吹岩《かぜふきいわ》まででがんばりどころ。このあたりを一般に「芦屋ロックガーデン」とよぶが、昭和初期に阪神間の岳人が岩登りの研鑽を積んだのは、中央稜両脇の地獄谷《じごくだに》や高座谷《こうざだに》の谷筋の岩場だ。風吹岩手前で、左に万物相《ばんぶつそう》への分岐が現れるので、ぜひ立ち寄っていこう。ロックガーデンの名の由来が実感できる。

展望抜群の**風吹岩**まで来ると、深江《ふかえ》から登ってきた魚屋道と合流する。しばらくは登山道は緩やか

RCC藤木九三のレリーフがある高座ノ滝

万物相からは「ロックガーデン」とよぶにふさわしい風景が広がる

■鉄道・バス
往路＝阪急神戸線芦屋川駅が起点駅。復路＝神戸電鉄有馬温泉駅から帰途につく。

■マイカー
有馬温泉に有料駐車場があるが、起点・終点が遠すぎてマイカー登山は実際的ではない。

■登山適期
通年。新緑は4月下旬から5月中旬、紅葉は11月中旬から下旬。

■アドバイス
▽万物相へは道標がない。風吹岩に向かい、道が平坦になったあたりで左手に分岐がある。万物相からは西に向かう道に入ると、風吹岩の手前に出る。
▽サブコースとして、魚屋道を阪神深江駅から登るのも楽しい。風吹岩まで1時間30分。
▽一軒茶屋は第2・4・5月曜休み。15時まで（月や曜日で異なる）。
▽有馬温泉の立ち寄りどころは金の湯（第2・第4火曜休、☎078・904・0680）と銀の湯（第1・第3火曜休、☎078・904・0256）。

■問合せ先
芦屋市地域経済振興課☎0797・38・2033、神戸市森林整備事務所☎078・371・5937

■2万5000分ノ1地形図
西宮・宝塚・有馬

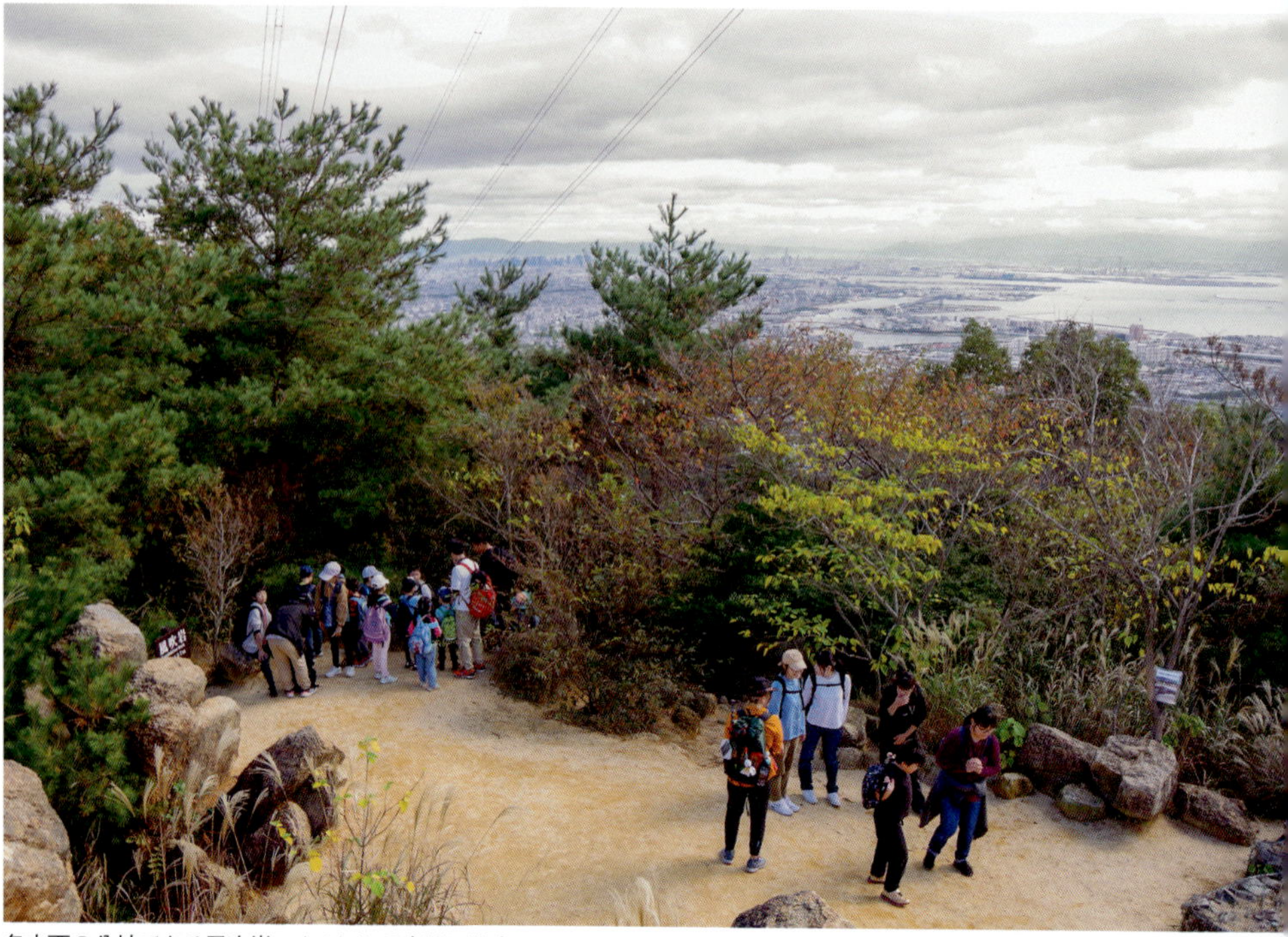

各方面の分岐である風吹岩。イノシシの出没に注意

だ。時間があれば途中で横池《よこいけ》に立ち寄ってもいい。

湿地になった荒地山《あれちやま》への分岐を横目に進むと、ゴルフ場内を歩くようになる。これを越えると雨《あま》ヶ峠《とうげ》への急登が待っている。ひと踏ん張りして**雨ヶ峠**へ。この先で道はいったん下りとなり、川を一回渡って**本庄橋跡**《ほんじょうばし》へ向かおう。今は流失してしまった石橋の一部が残っている。

ここから階段を上がると広場に出る。その先でもう一度川を渡り、七曲《ななまが》りへ。急坂で知られるが、ペースを崩さずにゆっくり登ればいい。上部で迂回路を経て登りつめると**一軒茶屋**の前に出る。最高峰へは道路を渡って左のコンクリート道を登る。**六甲最高峰**の頂上は、近年樹木が刈り払われ、展望が360度に広がって爽快だ。

広い魚屋道を有馬に向かう

魚屋道はコンクリート道の下から続いている。快適な道だが、途中で一部崩落箇所があり、迂回路がつけられている。右に筆屋道《ふでやみち》を分けると射場山《いばやま》に突き当たり、左に水平に山を巻くように道がついている。

射場山をすぎると振り幅の大きいつづら折りになって、有馬温泉上部の鳥地獄《とりじごく》・虫《むし》地獄に出る。ここが**魚屋道入口**だ。道路を右に進み、しばらくして左に出てくる炭酸泉源公園へ道をとると温泉街へ下っていく。あとは思い思いに**有馬温泉駅**を目指せばよい。

有馬温泉金の湯。足湯もある

開放感あふれる六甲山最高峰には1等三角点が埋まる

CHECK POINT

1 いつもハイカーでごった返す芦屋川駅

2 登山口の高座ノ滝はハイカーの憩いの場だ

3 登りはじめには1箇所だが簡単な鎖場もある

4 うまく道を見つけて万物相へ立ち寄ろう

5 7月にスイレンが咲く横池も立ち寄りたいスポット

6 七曲り手前には2箇所、徒渉箇所がある

7 最高峰直下にある一軒茶屋は江戸時代から続く

8 下山路では道が崩れ迂回路が設けられた場所もある

9 射場山手前、トンネルがあったとされる切通し

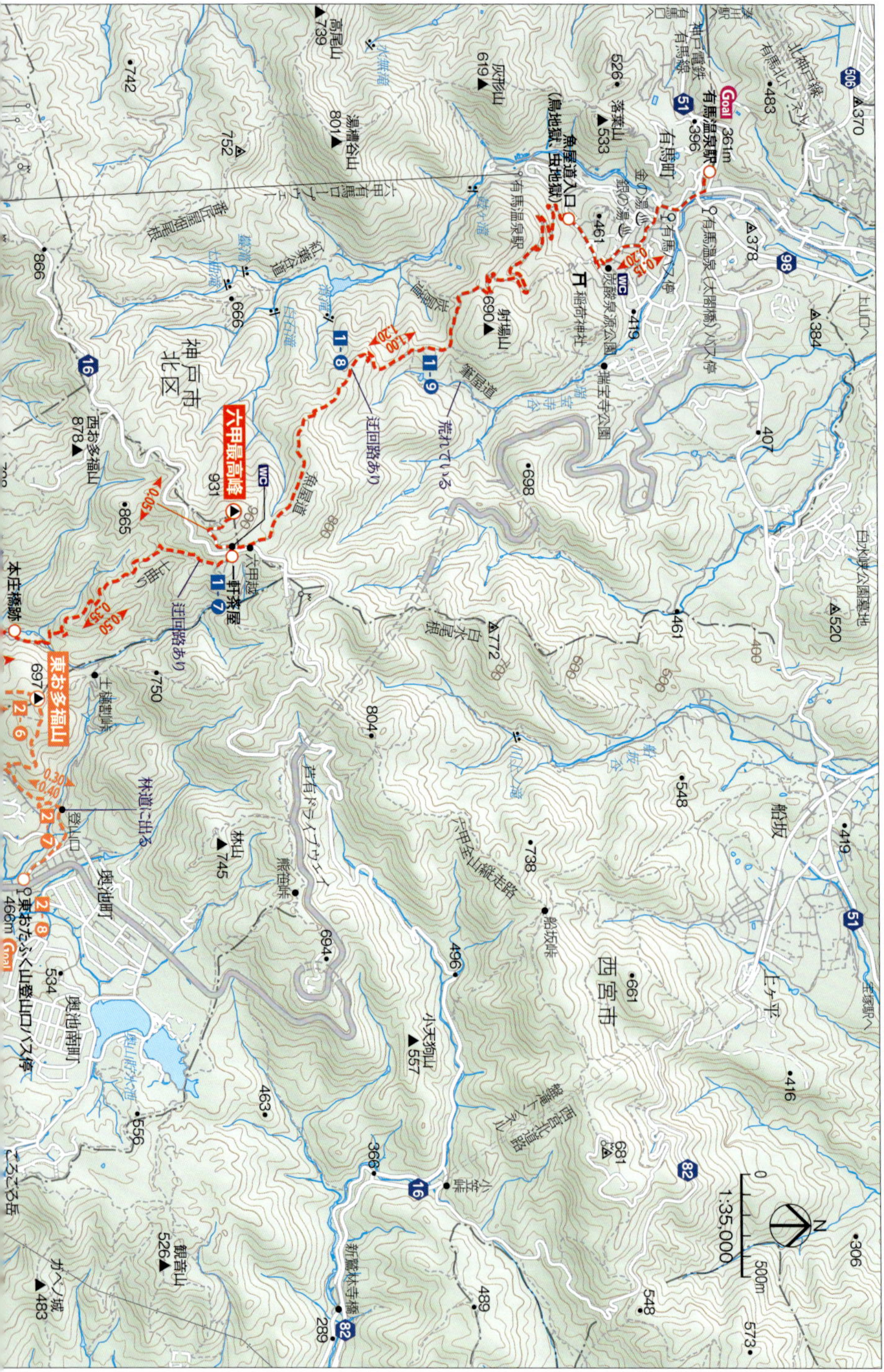
Goal
有馬温泉駅
361m
有馬町
魚屋道入口
(鳥地獄、虫地獄)
有馬温泉駅
射場山
690
落葉山
533
灰形山
619
湯槽谷山
801
高尾山
739
稲荷神社
炭酸泉源公園
瑞宝寺公園
金の湯
銀の湯
有馬温泉(太閤橋)バス停
有馬川バス停
魚屋道
迂回路あり
荒れている
神戸市北区
六甲最高峰
931
六甲山越
一軒茶屋
迂回路あり
七曲り
西お多福山
878
本庄橋跡
東お多福山
697
土樋割峠
林道に出る
登山口
東おたふく山登山口バス停
466m
Goal
奥池町
奥池南町
林山
745
芦有ドライブウェイ
六甲全山縦走路
船坂峠
船坂
西宮市
小天狗山
557
観音山
526
ガベ ノ城
483
新鷲林寺橋
白水峡公園墓地
蓬莱峡
上ケ平
1:35,000
0
500m
N

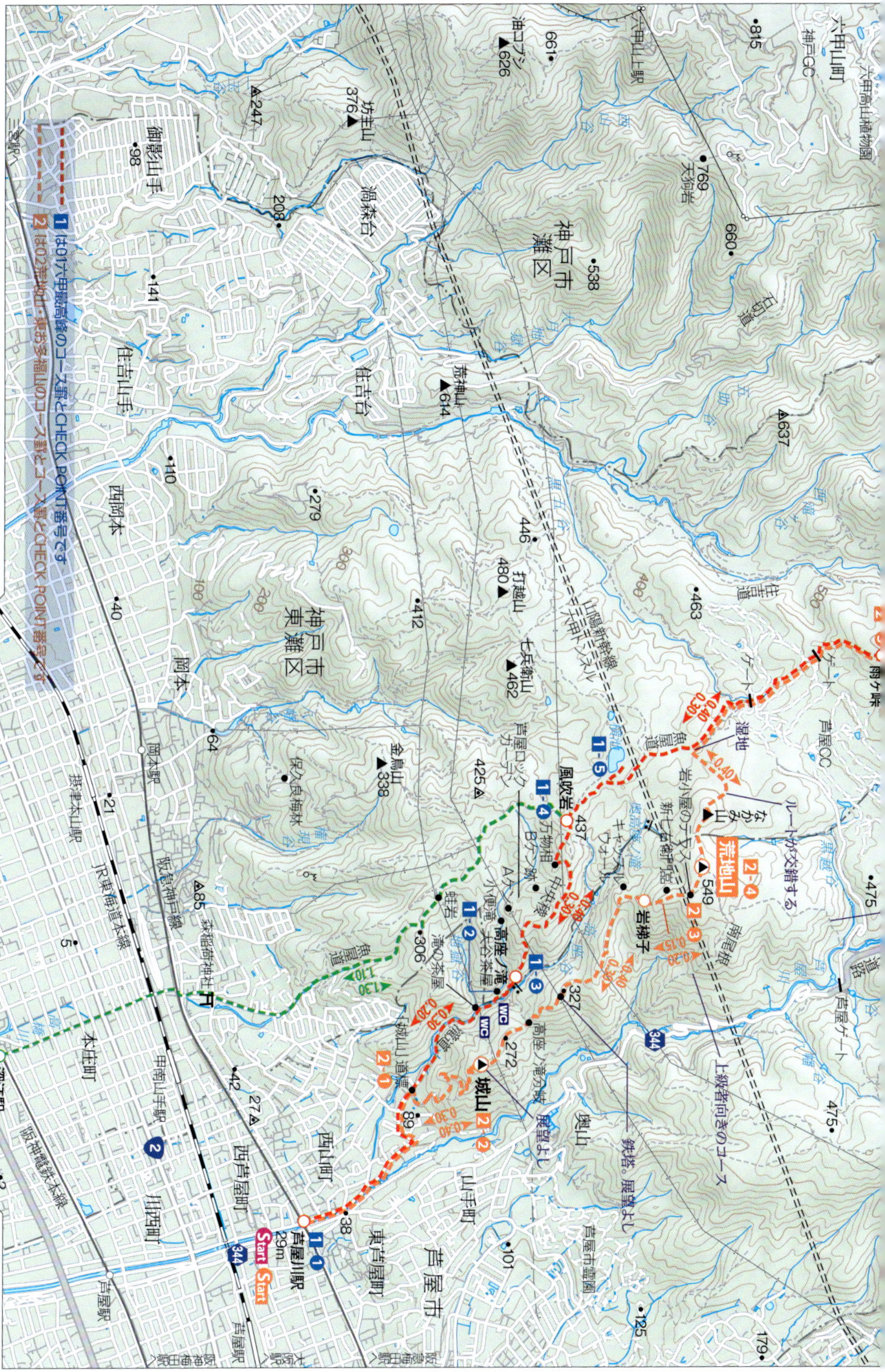
1 は01六甲最高峰のコース順とCHECK POINT番号です
2 は02荒地山・東お多福山のコース順とCHECK POINT番号です
神戸市灘区
神戸市東灘区
芦屋市
六甲山上駅
六甲山町
神戸GC
六甲高山植物園
天狗岩
坊主山
渦森台
御影山手
住吉台
住吉山手
西岡本
岡本
荒神山
打越山
七兵衛山
金鳥山
保久良梅林
保久良神社
山陽新幹線 六甲トンネル
芦屋ロックガーデン
風吹岩
万物相
中央稜
Bゲート跡
Aゲート跡
高座ノ滝
大谷茶屋
滝ノ茶屋
城山
城山 登山口
高座ノ滝分岐
展望よし
奥山
鉄塔。展望よし
上級者向きのコース
ルートが交錯する
荒地山
岩梯子
新七右衛門嵓
岩小屋のテラス
なかみ山
横池
魚屋道
雨ヶ峠
芦屋CC
芦屋ゲート
キャッスルウォール
深江駅
芦屋川駅
芦屋駅
岡本駅
摂津本山駅
甲南山手駅
JR東海道本線
阪急神戸線
阪神電鉄本線
西山町
山手町
東芦屋町
西芦屋町
川西町
本庄町
芦屋市霊園
Start

02

岩と草原、対照的な魅力をもつ名峰をつないで

荒地山・東お多福山

あれちやま 549m
ひがしおたふくやま 697m

日帰り

歩行時間＝3時間10分
歩行距離＝8・2km

技術度 ▲▲△△△ 体力度 ♥♡♡♡♡

コース定数＝19

標高差＝668m

累積標高差 ↗956m ↘519m

↑草原が広がる東お多福山は六甲山では珍しい景観だ

←城山周辺は、春、コバノミツバツツジが咲き誇る

荒地山と東お多福山は、いずれも六甲《ろっこう》最高峰の前衛峰だが、荒地山は山肌を巨岩・奇岩が覆う岩山として、東お多福山は六甲山では唯一草原が広がる山として知られる。それぞれ単独では一日遊ぶ登山としては少々物足りないが、つないで登るととてもぜいたくな充実した登山になる。

阪急芦屋川駅《はんきゅうあしやがわ》から芦屋川沿いに登り、高座《こうざ》ノ滝を目指す。住宅地内、滝道に入る手前右手に「城山《しろやま》」を示す道標があるので右折すると、城山の登山口へ導かれる。登山道を20分も登れば電波施設のある**城山**の展望台だ。ひと息入れて尾根を直進する。このあたり、4月上旬ならコバノミツバツツジのピンクのトンネルとなる。

鞍部まで下り、登り返して送電線鉄塔をすぎると、しだいに岩が露出しはじめる。緩やかだった尾根が急坂になると、左手に名物の**岩梯子**が現れる。手足を使って岩梯子を登りきると、今度は巨岩の切り立った新七右衛門嵓《しんしちえもんぐら》に出て、

■鉄道・バス

往路＝阪急神戸線芦屋川駅起点。復路＝東おたふく山登山口から阪急バス14分で阪急芦屋川駅へ。

■マイカー

阪神高速芦屋ランプから国道43号宮川交差点を右折、国道2号を左、業平橋西詰を右折する。芦屋川駅周辺のコインパーキングを利用。約3キロ、10分。

■登山適期

通年。コバノミツバツツジの花期は4月上旬から中旬、紅葉は11月中旬から下旬。

■アドバイス

▽岩梯子は迂回路もあるが、道が交錯するので迷わないように。

▽荒地山だけ登る場合は、下山路として魚屋道経由で風吹岩から高座ノ滝へ下るのが初心者向き。中級者向けには荒地山手前（東）から芦屋ゲート、上級者向けには南尾根がある。

▽東お多福山は、ススキ草原復元のための実験が行われている。

▽東お多福山登山口の川の徒渉は増水すると困難な場合もある。

■問合せ先

芦屋市地域経済振興課☎0797・38・2033、神戸市森林整備事務所☎078・371・5937、阪急バス☎0797・31・1121

■2万5000分ノ1地形図

西宮・宝塚

岩のトンネルをくぐる。ここで通常の登山道に戻るが、もうひとつ、ロープを使って越える岩がある。これを越えてひと登りしたら展望抜群の憩いの場、岩小屋のテラスに着く。ここから登山道は緩やかになり、5分ほどで小広場になった**荒地山**山頂に着く。

山頂の北側から下っていく。なかみ山のすぐ北側を巻くようにして下るとやがて湿地になり魚屋道《ととやみち》に出合う。東お多福山へは魚屋道を右へ。ゴルフ場を抜け、急坂を登りきった**雨《あま》ケ峠《とうげ》**を右にとると、広々とした草原の丘に出る。山頂はまだ先だがここでゆっくりすごしたいところだ。現在はネザサが優先しているが、以前はススキの草原で、カヤ場としての機能ももっていた。丘をいったん下り、樹林の中の階段を登った台地を進むと**東お多福山**の山頂だ。

下山は山頂を右折する。途中すべりやすい場所もあるので注意しよう。下りが終わると住宅横のリョウブの林を進む。最後に川を渡ると蛇谷《じゃだに》林道に出る。林道を右に進み、住宅地を直進していくと**東おたふく山登山口バス停**に着く。

荒地山への登り、鉄塔下から見る大阪市街

新七右衛門嵓あたりの岩場

CHECK POINT

芦屋の住宅街の滝道手前の城山の分岐。右折して城山登山口へ

城山に上がるとベンチがあり展望もいい

荒地山山頂よりも人の多い、休憩によい岩小屋のテラス

広場になった荒地山山頂は展望もなく静か

魚屋道と東お多福山の分岐になっている雨ヶ峠

東お多福山山頂は草原と樹林の境界にあり展望はない

東お多福山登山口近くでは徒渉しなければならない

住宅地入口にある東おたふく山登山口バス停

＊コース図は14〜15㌻を参照。

03

摩耶詣で栄えた六甲の西の雄

摩耶山

まやさん
702m

日帰り

歩行時間＝5時間45分
歩行距離＝10・6km

技術度
体力度

コース定数＝**25**
標高差＝659m
累積標高差 ↗1051m ↘1039m

山頂が狭いシェール槍から穂高湖を見下ろす

俗に「六甲《ろっこう》・摩耶」とよばれるように、摩耶山は六甲山地の中では観光においても登山においても重要なエリアだ。それは古刹の忉《とう》利天上寺《りてんじょうじ》があり、古くから「摩耶詣」として多くの登拝道が発達し、六甲山では一大観光地だったからで、今もロープウェイが通じ、その趣は失われていない。数ある登山道のうち、ここでは比較的緩やかに登れる青谷道《あおたにみち》と、六甲全山縦走路の天狗道《てんぐみち》を紹介する。やや長くなるが、マイナーピークのシェール槍《やり》にも登ってみよう。

出発は**阪急王子公園《はんきゅうおうじこうえん》駅**。王子公園に沿うように山の手に向かい、馬頭《ばとう》観音像が迫力ある妙光院《みょうこういん》の横を通ると**青谷道入口**がある。街と山を区別する断層がよくわかる坂を登り、青谷川に沿って登っていく。途中には観光茶園や毎日登山の茶屋などがある。谷をつめ上がると広場になった**行者堂《ぎょうじゃどう》跡**に出る。

摩耶山へは右。登山道は広く、古道を思わせる石段もあり、また、樹木もみごとな大木を見ることができる。昭和51年に焼失した天上

■鉄道・バス
往路＝阪急神戸線王子公園駅が起点駅。
復路＝神戸市営地下鉄新神戸駅から帰途につく。

■マイカー
阪神高速摩耶ランプまたは生田川ランプを出て、王子公園駐車場（有料）へ。約2キロ、5分。

■登山適期
通年だが、6月中旬から7月上旬なら掬星台西の摩耶自然観察園で、六甲山を代表する花、アジサイを楽しむことができる。

■アドバイス
▽メンバーしだいで下山にロープウエイやケーブルを使うとよい。火曜定休なので注意。星の駅にあるCAFE702では六甲みやげも販売。
▽天上寺の開基は飛鳥時代で、釈迦の母、摩耶夫人を祀ることから摩耶山となった。花の寺で、四季折々、さまざまな花が咲く。展望抜群の舞台があり、明石海峡大橋などが見わたせる。

■問合せ先
神戸市森林整備事務所☎078・371・5937

■2万5000分ノ1地形図
神戸首部

摩耶山の掬星台は阪神間の市街と大阪湾を見下ろす展望台

寺で唯一残った建物の山門まで来たら長い石階段が待ち受ける。登りきると**史跡公園**となった天上寺跡だ。そのまま突き当たって右へ、石段を登ると道路に出る。右に行くと大阪湾を一望する**掬星台**《きくせいだい》だ。

広い掬星台の広場の北端から下り、遊歩道を経てオテル・ド・摩耶跡地の先に続く登山道へ。再建された天上寺を眼下に見て進み、アゴニー坂を下って奥摩耶ドライブウェイに出て、穂高湖《ほだかこ》に向かう。居留外国人シェールの名がついた**シェール槍**へは周遊路を歩き、北岸から登れる。ちょっとした岩場もある。

下山は**掬星台**に戻り西の電波塔前から天狗道に入るが、その前に電波塔手前の分岐から摩耶山の三角点によって行くといいだろう。天狗道は六甲全山縦走路中の難所の急坂だが下りに使うと楽だ。**学校林道との分岐**からは「稲妻坂《いなづまざか》」とよばれ、下りきると小尾根の分岐になっていて、左に行くと桜《さくら》茶屋のある**市**《いち》**ヶ原**《はら》に着く。あとは舗装された遊歩道を布引《ぬのびき》貯水池、平安時代からの名所・布引の滝を経て**新神戸駅**に下り立つ。

CHECK POINT

青谷道の登山口からコンクリートの坂道を登っていく

青谷道の途中には山中にもかかわらず茶畑もある

ベンチのあるつくばね寮の前でいっぷく

放火で焼失した天上寺の跡地は摩耶山史跡公園になっている

摩耶別山に再建された天上寺は西の展望が抜群

電波塔から全山縦走路の天狗道を下っていく

学校林道の分岐で天狗道は西へ方向転換する

市ヶ原はトイレもあり、格好の休憩ポイント

明治時代竣工の五本松堰堤は国指定重要文化財

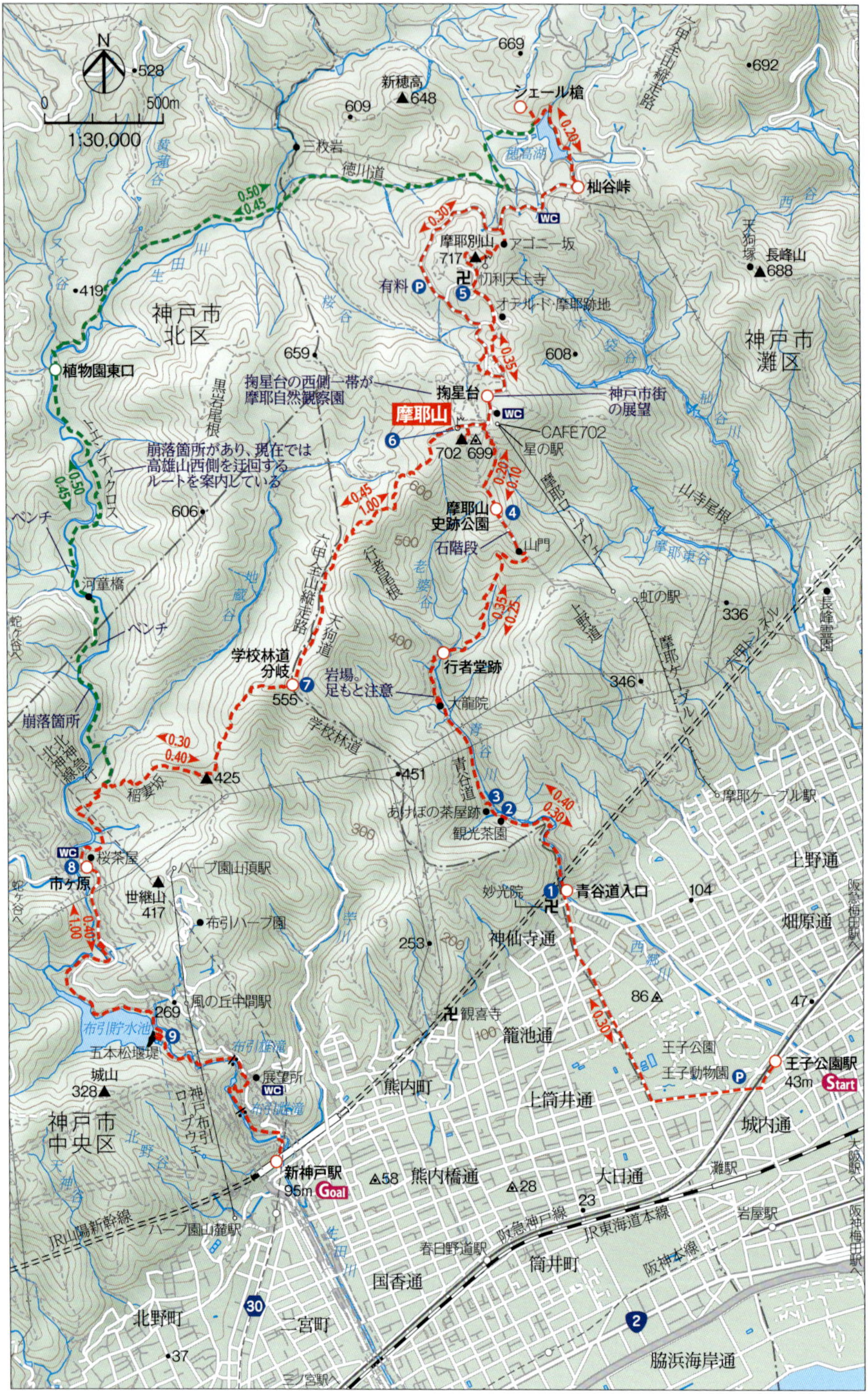
1:30,000
シェール槍
杣谷峠
穂高湖
三枚岩
徳川道
摩耶別山
717
アゴニー坂
忉利天上寺
オテルド・摩耶跡地
有料
新穂高
648
神戸市
北区
神戸市
灘区
植物園東口
掬星台の西側一帯が
摩耶自然観察園
掬星台
神戸市街
の展望
摩耶山
CAFE702
星の駅
崩落箇所があり、現在では
高雄山西側を迂回する
ルートを案内している
摩耶山
史跡公園
石階段
山門
ベンチ
河童橋
崩落箇所
学校林道
分岐
岩場。
足もと注意
行者堂跡
大龍院
あけぼの茶屋跡
観光茶園
稲妻坂
市ケ原
桜茶屋
世継山
417
布引ハーフ園
ハーブ園山頂駅
青谷道入口
妙光院
神仙寺通
風の丘中間駅
布引貯水池
五本松堰堤
城山
328
展望所
神戸市
中央区
新神戸駅
95m
Goal
王子公園駅
43m
Start
王子公園
王子動物園
上野通
畑原通
城内通
熊内町
上筒井通
熊内橋通
大日通
灘駅
岩屋駅
JR山陽新幹線
ハーブ園山麓駅
春日野道駅
阪急神戸線
JR東海道本線
阪神本線
筒井町
国香通
北野町
二宮町
脇浜海岸通
籠池通
観喜寺
六甲全山縦走路
摩耶ロープウェー
摩耶ケーブル
摩耶ケーブル駅
虹の駅
長峰山
天狗塚
長峰霊園
山寺尾根
上野道
天狗道
行者尾根
青谷道
学校林道
黒岩尾根
トエンティクロス
三ノ宮駅へ
阪急梅田駅へ
阪神梅田駅へ
大阪駅へ
蛇ケ谷へ

04

隣り合う快適な尾根から神戸・明石を見下ろすピークへ

菊水山

きくすいやま
459m

日帰り

歩行時間＝4時間
歩行距離＝9.9㎞

技術度 ■□□□□
体力度 ■□□□□

コース定数＝18

標高差＝179m

累積標高差 ↗765m ↘765m

↑妙号岩から見ると菊水山は峻険な山。中央の溝は菊水ルンゼ

←妙号岩の上から石井ダムと神戸の街を見下ろす

急坂を登りつめて菊水山の頂上へ

菊水山は六甲山《ろっこうさん》の西部に位置し、500メートルに満たない標高の手軽な山だ。登るには少し物足りないが、烏原川《からすはら》をはさんだ西にあるイヤガ谷東尾根を加えると、その魅力が増す。イヤガ谷東尾根は緩やかで快適な尾根で、クライミングゲレンデとして知られる妙号岩《みょうごういわ》の上に立つと、正面にそびえる菊水山がいかに峻険な山かが手にと

■鉄道・バス
往路・復路＝神戸電鉄有馬線鈴蘭台駅が起・終点駅。

■マイカー
阪神高速生田川ランプを出て北へ。国道2号を左折して道なりに進んで湊川神社の先、有馬道交差点を右折して国道428号に入り、二軒茶屋交差点で左折して鈴蘭台方面へ。駅の北方に市営駐車場（有料）がある。

■登山適期
通年歩けるが、真夏は暑い。

■アドバイス
▽妙号岩から東尾根に戻るほかの道もあるが、来た道を忠実にたどる方が無難。
▽イヤガ谷東尾根の南部は分岐が多い。まっすぐに尾根をたどることを意識しよう。道標では烏原貯水池方面へ向かう。

■問合せ先
神戸市森林整備事務所☎078・371・5937

■2万5000分ノ1地形図
神戸首部

るようにわかる。

神鉄鈴蘭台駅《しんてつすずらんだい》が起・終点。改札を出てまずは西に向かう。緩やかな坂を登り、下りはじめてすぐに左に下る道に入る。唐谷《からたに》橋交差点で大通りに出たら左へ、鈴蘭橋交差点で右の坂を登る。左にブルーの手すりがある階段を見つけて登っていこう。登りきって道路に出たら住宅地の縁をたどるように進み、教員住宅の先の公園に**イヤガ谷東尾根の入口**がある。

登山道に入ってしばらくして左に分岐がある。たどると君影《きみかげ》ロックガーデン（広い露岩）がある。余裕がありそうなら立ち寄るとよいが、ここでは先を急いで妙号岩に向かおう。

イヤガ谷の案内板と通報プレート「き56－18」のある場所が妙号岩への分岐。左折して尾根伝いに行くと、**妙号岩**の上に出る。正面に菊水山、眼下に石井《いしい》ダム湖がたたずむ。

分岐に戻り、イヤガ谷東尾根を末端までたどると**六甲全山縦走路**に出る。北に折れ、しばらく道路を進んで下水処理場の先から登山道に入る。石井ダムを左手に見る**橋**を渡り、登っていくと休憩所がある。ここからは本格的な登りだ。

きつい登りだが、ひと踏ん張りすると電波塔の建つ**菊水山**山頂に着く。東に神戸市街、電波塔下の展望台からは明石《あかし》海峡大橋が見える。

下山は縦走路を少し進んで、左の鈴蘭台方面へ。下っていくと、すぐに池のほとりを歩く散策路があり、やがて道路に出る。少し道を歩き、再び登山道に。今度は道路を横切っていくと、谷沿いの道になる。せせらぎを聞きながら気持ちよく下っていくと、**登山口**に下り立つ。あとは**鈴蘭台駅**を目指せばよい。

CHECK POINT

1 君影町の住宅奥にあるイヤガ谷東尾根の入口

2 通報プレート「き56－18」が妙号岩への目印

3 石井ダムの前を橋で渡って菊水山に取り付く

4 電波塔がそびえる菊水山の頂上。電波塔の下が休憩所

5 北へ下ると池のほとりに菊水山周遊路が設けられている

6 道路に下り立つとトイレと毎日登山の休憩所がある

7 公園の入口のような菊水山の登山口に下り立つ

8 スタート・ゴールとなる神戸電鉄鈴蘭台駅へ

沢沿いの下山路をたどって鈴蘭台駅を目指す

菊水山山頂直下。短いがしんどい登りだ

05 再度山・市章山

市民憩いの場から港町・神戸のランドマークへ

ふたたびさん　470m
しょうやま　275m

日帰り

歩行時間＝4時間
歩行距離＝11・4km

技術度
体力度

コース定数＝22
標高差＝461m
累積標高差　↗1068m　↘1068m

←再度公園の修法ヶ原池。再度公園は紅葉の名所で知られる

←大竜寺の参道。このお寺の山号が「再度山」で、弘法大師の故事に因む

再度山大竜寺《たいりゅうじ》は、六甲山《ろっこうさん》では摩《ま》耶山《やさん》忉利天《とうりてん》上寺《じょうじ》と並ぶ古刹で、古くから参詣道が発達した。今は北側の修法《しお》ヶ原池《はらいけ》を中心に再度公園が整備され、市民の憩いの場として親しまれている。一方の市章山は、錨山《いかりやま》とともに、夜、神戸港から見上げると、神戸市章と錨マークの電飾が点る山。裏を返せば、神戸市街を足下に一望できる山々だ。それぞれ単独でも登れるが、これらをつないで歩いてみたい。

起・終点は、神戸元町《もとまち》駅の北にある諏訪《すわ》神社だ。**元町駅**から山の手へ相楽園《そうらくえん》の横を通りアプローチ。突き当たり左の交番横の参道はきついコンクリート道なので、右に折れて金星台《きんせいだい》経由で行く方が気は楽だ。**諏訪神社**本殿左に登山道入口がある。

水平の山腹道が緩やかに下りはじめると、やがて再度谷に下り立つ。ここからは大師道《だいしみち》とよばれる大竜寺への川沿いの参道で、丁石も点在している。登山道だが、コンクリートが敷かれた道だ。最後に階段を登ると、江戸時代に完成した溜池の**猩々池**《しょうじょういけ》がある。

■鉄道・バス
往路・復路＝JR神戸線元町駅が起・終点となる。

■マイカー
阪神高速京橋ランプから北へすぐの三宮周辺に有料駐車場があり、利用できる。

■登山適期
通年登れる。花は、春にところどころでツツジが咲く程度。やはり再度公園の紅葉がおすすめで、11月中旬がベスト。大竜寺のイチョウの黄葉もいい。

■アドバイス
▽金星台は明治初期にフランスの観測隊がここで金星を観測したことから名づけられた。勝海舟揮毫の海軍塾碑もある。
▽再度山は大竜寺の山号。開基は8世紀の和気清麻呂まで遡る。弘法大師が唐に渡る前に祈願し、帰朝後、お礼参りに再び登ったことが山号の由来。
▽明治時代までは禿山だった六甲山だが、防災のために植林をはじめたのがこの再度山から。修法ヶ原池の北側に記念碑がある。

■問合せ先
神戸市森林整備事務所☎078・371・5937

■2万5000分ノ1地形図
神戸首部

神戸市街を見下ろすビーナスブリッジ

池の横の道路を登るとすぐ右に登山道が口を開けている。登っていくと、善助茶屋《ぜんすけちゃや》跡を経て**大竜寺の広場**に出る。紅葉のころなら、大竜寺はあとに回して左に続く六甲全山縦走路をたどり、再度越を越えて再度公園を訪れるとよい。

　公園からは再度越に戻るが、峠手前左に山頂への登り口がある。**再度山**山頂は展望はないが、大竜寺への下山路に弘法大師が自ら彫ったという亀が乗る亀石《かめいし》などがある。

　大竜寺奥の院に出たら本堂へ。正面の階段を下り山門を抜けると**広場**に戻ってくる。善助茶屋跡に戻り、今度は直進、登山道は道路に沿うように続く。**二本松**で道路に下り、横断して堂徳山《どうとくやま》方面へ。堂徳山付近（山頂はわかりにくい）から下って道路を横断、尾根を歩いて再び道路を横断すると左にすぐ**市章山**だ。展望はよいが、錨山からの方が市街に近くスケール感がある。

　錨山下で道路を横断し軽くアップダウンして再度道路を横断、レストハウスの裏の階段からビーナステラスへ。ループになったビーナスブリッジをたどりきると**諏訪神社**に戻ってくる。

CHECK POINT

1 起・終点となる諏訪神社の社殿。直下のコンクリート坂は急だ

2 再度谷に下り立ち、簡易舗装された大師道を登る

3 江戸時代に灌漑用につくられたという猩々池へ

4 善助茶屋跡には毎日登山発祥の地記念碑が立つ

5 下山はドライブウェイに沿う道をたどっていく

6 二本松でいったん道路に下り立つ。バス停もある

7 市章山へは何度も道路を横切っていく。車に注意

8 錨山の錨マークの電飾。市章山とともに夜には電気が点る

9 ビーナステラスには南京錠取り付け専用のオブジェがある

＊コース図は22～23ページを参照。

06 高取山

たかとりさん
328m

「蛸とり山」が山名の由来。神戸長田のシンボルの山

日帰り

歩行時間＝1時間40分
歩行距離＝5・7㎞

技術度 ●○○○○
体力度 ●○○○○

コース定数＝9	
標高差＝243m	
累積標高差	↗362m ↘439m

六甲《ろっこう》山地西部にそびえ、独立峰のような趣をもつのが高取山だ。山頂直下にある高取神社の解説板に、その昔、この地域を大津波が襲い、山上の松の木にタコが引っかかっていたのが転訛したのが山名の由来だとある。また、常連で朝からにぎわう茶屋があり、その茶屋を拠点に投輪《とうりん》や卓球など独自の山の文化があるユニークな山でもある。

↑高取山の三角点が近くにある荒熊神社
←下山路の参道は終始舗装されている

神戸市営地下鉄妙法寺《みょうほうじ》駅から南に進むと、すぐに左に団地の裏を通る歩道が現れるので入っていく。六甲全山縦走路の案内を見つけて左へ、階段を下り、阪神《はんしん》高速と地下鉄の線路をくぐる。下り着いて右へ、道なりに歩くと妙法寺がある。信号を渡って直進し、坂を上がって、全山縦走路の道標を見つけ右手の路地へ。以後、道標にしたがって進むと登山口の**野路《のじ》山《やま》公園**だ。

登山道は林間の中に続く。上部に行くにしたがい岩がちになる。時折展望が開け、振り返ると須磨《すま》アルプスが見える。道が平坦になると左手の一段高いところに荒熊《あらくま》

■鉄道・バス
往路＝神戸地下鉄西神・山手線妙法寺駅が起点駅。
復路＝神戸高速東西線西代駅から帰途につく。

■マイカー
阪神高速湊川ランプから5分、西代駅南の水笠通公園近くに市立細田駐車場（有料）がある。

■登山適期
通年登られている。

■アドバイス
▽安井茶屋は昼ごろまで、水曜休。中の茶屋は15時ごろまで、月曜休。月見茶屋は2023年10月限りで閉店となっている。

安井茶屋

▽高神の滝コースは多少荒れ気味だが、自然度は高い。

■問合せ先

神社が見える。高取山の三角点はその近くにあるので、興味があるなら縦走路をはずれて立ち寄ってもよい。高取神社も縦走路をはずれた上にある。山頂はさらにその上、階段を登ったところにあり、いくつかの祠と**高取山**山頂の碑が立っている。

神社から階段を東に下る。最初に現れるのが月見《つきみ》茶屋。次に安井《やすい》茶屋がある。正面に高神《こうじん》の滝コース入口があり、その横のトイレがある広場は全山縦走路への分岐になっている。そのまま下って白川《しらかわ》大明神の前で南に方向転換すると中の茶屋。さらに石段を下り続け、左に長田への道が分岐する清水《しみず》茶屋の前を通ると、すぐに登山口の**高取大明神**の前に出る。登山道はここまで。住宅地内を通り、バス道を横断して道なりに進んで坂道を下ると、高取神社参道の石標がある。小学校の脇から広い道路に出て地下駅の**西代**《にしだい》**駅**へ。

神戸市森林整備事務所☎078・371・5937
■2万5000分ノ1地形図
前開・神戸首部

山頂に続く階段からは神戸市街が一望できる

CHECK POINT

1 起点となる妙法寺駅。コンビニエンスストアもある

2 住宅から階段を下り、阪神高速と神戸電鉄をくぐる

3 高取山山頂には山頂を示す石柱が立っている

4 尾根を東に向かい白川大明神で南に方向転換する

5 登山口（下山口）には高取大明神の祠が建っている

6 西代駅近くには高取神社参道の石の道標が立つ

＊コース図は30㌻を参照。

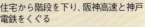

07

六甲西部の「アルプスは」コンパクトで親しみやすい

須磨アルプス

すまあるぷす
312m（横尾山）

日帰り

歩行時間＝2時間35分
歩行距離＝8・0km

技術度

体力度

コース定数	＝**15**
標高差	＝293m
累積標高差	↗ 790m ↘ 793m

「須磨アルプス」とは、六甲《ろっこう》山地の西部、横尾山《よこおやま》から東山《ひがしやま》にかけての荒々しい風化花崗岩の岩稜帯を指す。区間としては短いが、それだけに手軽にアルペン的な風景を楽しめる場として人気がある。秋の風物詩、六甲全山縦走大会の起点となる須磨浦《すまうら》公園を起点に歩いてみよう。

これが須磨アルプスとよばれる所以となった景観だ

須磨浦公園駅を出て西へ、線路をまたぐ敦盛《あつもり》橋を渡るとすぐに「鉢伏山頂」への登り口がある。しばらく進んで右に登り、ロープウェイ駅の横に出る。右に派生する六甲全山縦走路を横目に登り続けると広場になった**鉢伏山**《はちぶせやま》山頂だ。そのまままっすぐ下り、登り返すと旗振《はたふり》茶屋のある**旗振山**《はたふりやま》に着く。昔、米相場を大阪に伝えるために旗を振ったという場所で、源平一の谷合戦ゆかりの地とも伝えられている。

尾根伝いに直進し、ウバメガシの純林を抜けると鉄拐山《てっかいさん》の登り口に着く。急坂を登ると鉄拐山山頂だが、展望はない。この先、やがて公園のようになり、2階建ての**おらが茶屋**に着く。トイレがあり、

■**鉄道・バス**

往路＝山陽電鉄須磨浦公園駅が起点駅。

復路＝山陽電鉄・神戸市営地下鉄板宿駅から帰途につく。

■**マイカー**

阪神高速若宮ランプを出て国道2号を西進、須磨浦公園の駐車場（有料）へ。約3キロ、5分。

■**登山適期**

通年登れるが、低山だけに夏はおすすめできない。

■**アドバイス**

▽須磨アルプスは見た目ほど危険ではないが、コースをはずれると脆い部分が多いので注意のこと。

▽六甲全山縦走路の本来の起点（六甲山地の西端）は塩屋からになる。

▽旗振茶屋の営業は、土日祝の6～14時、おらが茶屋は土日祝の8～14時営業（営業時間は変動あり）。

おらが茶屋

■**問合せ先**

神戸市森林整備事務所☎078・371・5937

■**2万5000分ノ1地形図**

須磨

屋上が展望台になっている。

　階段を下り、全縦路の表示にしたがって高倉台《たかくらだい》団地を抜ける。つつじ橋を渡って左折し、山裾に沿っていくと、栂尾山《とがのおやま》名物の長い階段だ。階段を登りきり、しばらく行くと、あずまやも兼ねた展望台がある栂尾山山頂に立つ。近年周囲の樹木が苅り払われて展望もよくなった。

　横尾山からは小さな鎖場を経て、須磨アルプスの核心部へ入っていく。鉄階段を下り、鞍部から登り返すと、やせ尾根の馬の背がある。すぐに岩場は終わり、**東山**に登り着く。振り返ると須磨アルプスが荒々しく、北東を見ると高《たか》取山《とりさん》がどっしりと構える。

　東山からは「板宿《いたやど》八幡」を示す道標に沿って尾根上を進み、高度を下げていく。地図上の155メートル三角点手前の広場は最後の休憩にもってこいだ。登山道はやがて尾根を回りこむようにして**板宿八幡神社**へ下り着く。神社からは階段を下り、市街地に出る。妙法寺川を渡り、商店街を抜けると**地下鉄板宿駅**への入口がある。

鉢伏山のロープウェイ駅あたりから見下ろす須磨の海

CHECK POINT

須磨浦公園駅近くから見上げる鉢伏山とロープウェイ山麓駅

敦盛橋を越えるとすぐ左に鉢伏山への登山口がある

旗振山から見下ろす須磨浦。源平合戦一の谷はここであるともいわれている

周囲が伐採され展望がよくなった栂尾山の山頂

板宿八幡への尾根道にヤブツバキが花を散らす

下山地の板宿八幡宮。階段を下ると市街地に

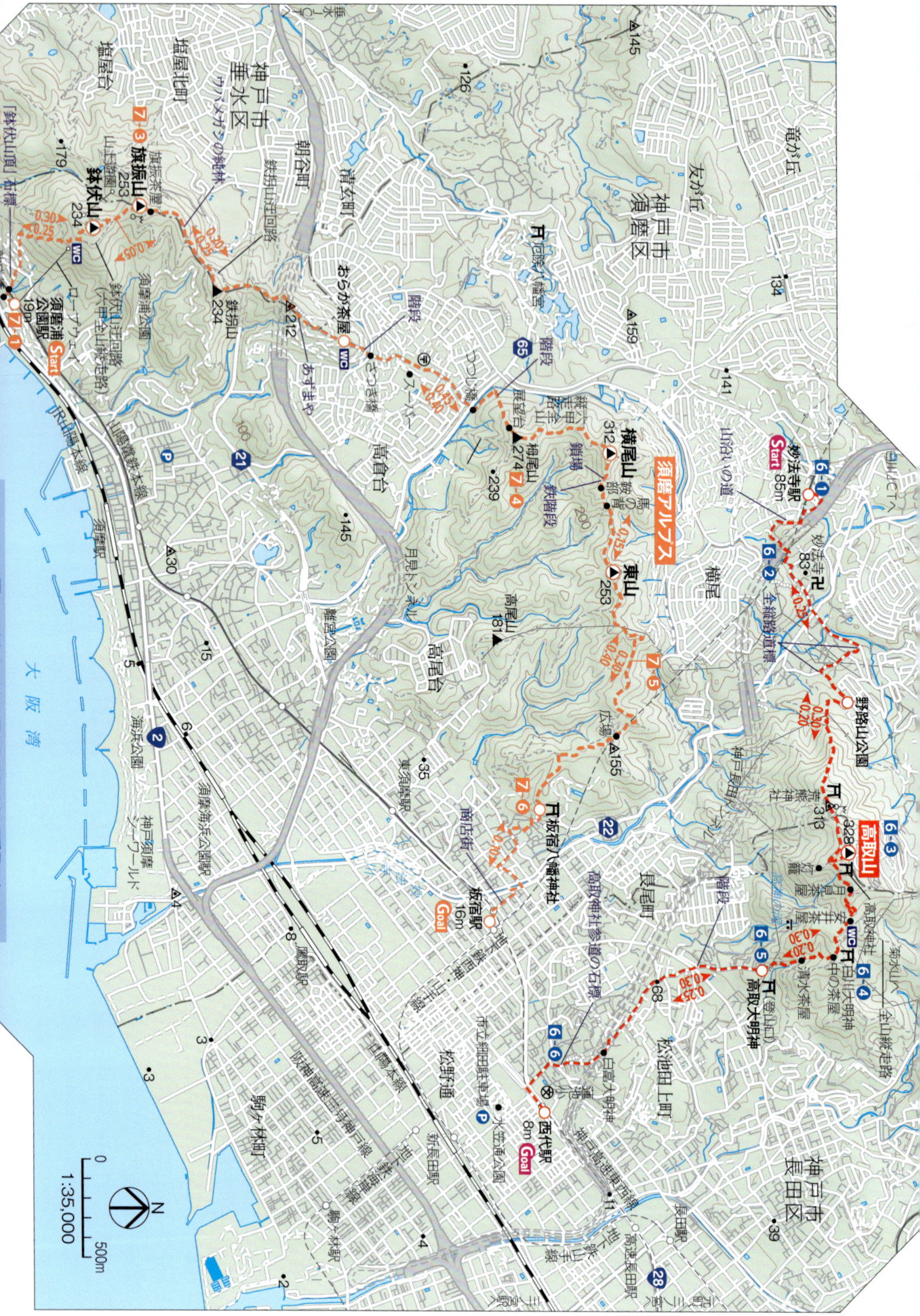

須磨アルプス
横尾山
312
東山
253
高取山
328
旗振山
253
鉢伏山
234
鉄拐山
234
おらが茶屋
妙法寺駅
85m
須磨浦公園駅
19m
板宿駅
16m
西代駅
8m
野路山公園
高取神社
板宿八幡神社
神戸市垂水区
神戸市須磨区
神戸市長田区
大阪湾
Start
Goal
N
0
500m
1:35,000

08

六甲山の北方にたたずむ静かな歴史の山

丹生山・帝釈山

たんじょうさん　515m
たいしゃくさん　586m

日帰り

歩行時間＝3時間30分
歩行距離＝8・3㎞

技術度

体力度

コース定数＝17

標高差＝440m

累積標高差　734m　719m

↑表参道登山口（丹生神社前バス停）の鳥居と丹生山

←帝釈山からは淡路島を望む展望が開ける

神戸の北部、六甲山《ろっこうさん》と町を隔てて横たわる山並みが丹生山系だ。最高峰は稚子《ちご》ヶ墓山《ばかやま》だが、主峰は山系の名となっている丹生山と考えてよいだろう。丹生山は、山頂に平清盛が勧進したという丹生神社がある。石垣のみを残す明要寺《みょうようじ》の鎮守社だったが、明治時代の廃仏毀釈で、明要寺は廃寺となり、丹生神社のみ残った。明要寺の歴史は古く、その起源は6世紀に遡るという。丹生山と展望のよい帝釈山を併せて登ってみたい。

衝原《つくはら》バス停からサイクリングターミナル（廃業）を目指して歩くが、先に日本最古の民家といわれ

■鉄道・バス
往路＝神戸電鉄有馬線箕谷駅から神戸市バス25分で衝原へ。
復路＝丹生神社前から神戸市バス20分で箕谷駅へ。

■マイカー
近隣に特に駐車場はない。しいていえば箕谷駅や谷上駅近くの有料駐車場を利用する。

■登山適期
通年。4月上旬にコバノミツバツツジが咲く。紅葉は11月下旬ごろ。

■アドバイス
▽箱木千年家は国の重要文化財で、元禄時代にはすでに「千年家」とよばれていたという貴重な建物。土・日曜のみ公開（要見学料、臨時休業あり）。☎078・581・1740。

■問合せ先
神戸市北区地域協働課☎078・593・1111、神戸市バス☎078・334・0050

■2万5000分ノ1地形図
淡河

る箱木千年家《はこぎせんねんや》に立ち寄りたい。

登山口はサイクリングターミナルの横にある。この道は源義経が鵯越《ひよどりごえ》の折に使ったといわれ、「義経道」とよばれている。周囲が竹やぶから自然林になり、尾根道に出ると、やがて明要寺の僧侶の墓所に出る。ここまで来ると丹生神社に通じる表参道はすぐそこだ。**表参道**を左にとるとすぐに三丁石がある。高野山《こうやさん》町石道の町石のように背が高い。

登りつめると丹生城跡・明要寺跡、縦走路分岐を経て、すぐに**丹生山**山頂の丹生神社に着く。ちなみに明要寺は平清盛が復興し、豊臣秀吉に焼き討ちにあったという。

縦走路分岐から東へ気持ちのよい道をたどり、裏参道分岐を右に見送って**帝釈山**山頂へ。石祠の建つ山頂は展望抜群で、六甲山を正面に、西に目を向けると明石《あかし》海峡大橋が見えている。

下山は東にある鉱山道をたどると早いが、やや道が荒れていて上級向きとなるので、**丹生山**に戻り、**表参道**を下ろう。一丁（約109メートル）ごとに立つ丁石をたどって、**十一丁石**で林道に出て、集落を目指す。集落に出て、丹生宝庫《たんじょうほうこ》を経て志染《しじみ》川を渡り、登り返すと**丹生神社前バス停**がある。

↑箱木千年家は現存するわが国最古の民家ともいわれている

←丹生山の表参道には町石が。これは山頂近くの二丁石

CHECK POINT

義経道はサイクリングターミナル横の登山口から登りはじめる

義経道尾根沿いには明要寺の僧侶たちの墓がある

山頂近くの丹生城跡。明要寺もここにあったという

丹生山山頂に立つ丹生神社。狛犬が古めかしくていい

表参道を下って林道に出る。参道はまだまだ続く

丹生神社・明要寺の宝物が収められているという丹生宝庫

丹生山
帝釈山
稚子ヶ墓山
衝原バス停 146m
丹生神社前バス停 161m
福地バス停 170m
箕谷駅 247m
表参道出合
十一丁石
丹生神社
明要寺・丹生城跡
無動寺
双坂池
肘曲がり
大塚山北公園
つくはら湖
神戸市北区
林道に出る
トンネルを歩く
苔むした谷道
荒れた谷道
展望あり
石がゴロゴロしていて歩きにくい
施設は閉鎖。トイレは使用できる
丹生山系縦走路
1:35,000
500m
N

09

悲話を訪ねて登る丹生山系の最高峰

稚子ヶ墓山

ちごがばかやま 596m

日帰り

歩行時間=3時間20分
歩行距離=9・4km

技術度 2/5
体力度 1/5

コース定数＝**16**
標高差＝349m
累積標高差 ↗629m ↘706m

↑箕谷から見上げる稚子ヶ墓山。丹生最高峰はどっしりとした山容だ

←志久越の道は近畿自然歩道と太陽と緑の道として整備されている

丹生《たんじょう》山系の最高峰・稚子ヶ墓山には悲しい話が伝わる。織田信長が別所氏の居城・三木《みき》城を攻める際に、丹生山 明要寺《みょうようじ》の僧兵たちが別所氏に味方した。織田方の将、羽柴秀吉は僧兵もろとも稚児も皆殺しに。哀れんだ村人はこの稚子ヶ墓山に稚児の墓をつくり弔ったという。

神鉄《しんてつ》箕谷《みのたに》駅から北へ。阪神高速の高架下を歩き、志染《しじみ》川沿いに国道を行く。柏尾台《かしおだい》分岐から稚子ヶ墓山を見上げつつ柏尾台に入り、一番奥にある**大塚山《おおつかやま》北公園**へ。古道である志久越《しくごえ》は、その東端から北にのびている。林道はやがて石畳のようになり、さらに石がゴロゴロして歩きにくい道になると、稚子ヶ墓山との分岐の**肘曲《ひじま》がり**に着く。ここを左に、丹生山系縦走路に入る。

荒れて歩きにくい谷道は、やがて急坂の尾根道になる。しばらく歩くとやがて稚児の墓の碑が立つピークに着く。南の展望が開けている。**稚子ヶ墓山**山頂はその先で、樹林に囲まれて三角点があるが、展望はない。

そのまま下り、無動寺《むどうじ》への分岐

■**鉄道・バス** 往路＝神戸電鉄有馬線箕谷駅が起点駅。復路＝福地から神戸市バス15分で箕谷駅へ。
■**マイカー** 近隣に特に駐車場はない。しいていえば箕谷駅や谷上駅近くの有料駐車場を利用する。
■**登山適期** 通年。4月上旬にコバノミツバツツジが咲く。紅葉は11月下旬ごろ。
■**アドバイス** ▽肘曲がりの前後は石がゴロゴロしてかなり歩きにくい。足もとに注意。▽国道は歩道がないので、車の往来に気をつけること。▽無動寺は丈六釈迦如来像、釈迦如来座像、阿弥陀如来座像など、文化財の宝庫。ぜひ拝観したい。
■**問合せ先** 神戸市北区地域協働課☎078・593・1111、神戸市バス☎078・334・0050
■**2万5000分ノ1地形図** 淡河・有馬

稚児の墓では山田の里の展望が広がる

CHECK POINT

1

出発点となる大塚山北公園。この右手に志久越の道がある

2

肘曲がりの分岐。この前後の道はかなり荒れている

3

「稚児の墓」とよばれる広場には碑が立っている。山頂は近い

4

双坂池近くの登山口に下り立つと、あとは道路歩きとなる

5

無動寺への分岐。カーブナンバー19の標識が目印

6

新兵衛石。農民の苦しみを代官に直訴した若者の記念碑

＊コース図は33ジペーを参照。

を見送り、縦走路に進む（無動寺方面は下山地があいまいで上級者向け）。尾根道は山腹道、さらには谷道となる。石がゴロゴロしているが、登りの道とは違い苔がしっとりとして気持ちのいい道だ。

下りきって**双坂《ふたさか》池**横を通り国道へ。長くてうんざりするが、カーブナンバー19のあるところで右に分岐する道に入って**無動寺**へ。ひと声かけて、丈六の大日如来と諸仏（いずれも重要文化財）を拝ませてもらおう。無動寺から参道を下り、新《しん》兵《べ》衛《え》石《いし》で右折すると、**福《ふく》地《ち》バス停**に出る。

無動寺は仏像はじめ見るべきものが多い

10

平野に浮かぶ2つの富士山型の山

雄岡山・雌岡山

おっこさん 241m
めっこさん 249m

日帰り

歩行時間＝2時間40分
歩行距離＝9・6km

技術度
体力度

コース定数＝**11**	
標高差＝226m	
累積標高差	↗352m ↘352m

雌岡山梅林から眺める雄岡山

弁慶が2山を天秤で担いだ時にできたという金棒池と雌岡山

播磨《はりま》という地域が広いせいもあって、「播磨富士」の異名をもつ山は多い。神戸市北区にある2つの山、雄岡山・雌岡山もそのうちのひとつだ。特に雌岡山は「神出《かんで》富士」ともよばれている。雌岡山の山頂にはスサノオノミコトとクシナダヒメを祀る神出神社があり、その子オオクニヌシから多くの神が生まれたことから「神出」という地名が生まれたという。

神鉄《しんてつ》緑《みどり》が丘《おか》駅から信号を渡り、そのまま廣野《ひろの》ゴルフクラブ横の細い道を歩く。道を抜けて信号を渡ったところに雄岡山への**案内板**があり、住宅地に沿って進むと雄岡山の登山口がある。

緩やかな雑木林の道を登っていくとあっけなく**雄岡山**山頂に着く。石祠と1等三角点があり、南の展望もよい。

山頂からはそのまま直進し、下り着いたら右へ。広い道路を出て左にとり、今度は雌岡山に向かう。大皿《おおさら》池、続いて弁慶伝説の残る金《かな》棒《ぼう》池をすぎた交差点で右折すると、左手に登山口へ下る階段がある。

雌岡山登山口からコンクリート道を登っていくと、すぐに地元の人たちによってきれいに整備された梅林がある。見晴らしもよく、季節には紅白の梅が咲き乱れて美しい。雌岡山の山頂もそこからす

■鉄道・バス
往路・復路＝神戸電鉄粟生線緑が丘駅が起・終点駅。
■マイカー
山陽自動車道三木小野ICから国道175号を経由し、兵庫楽農生活センター駐車場（無料）へ。水曜休。約7キロ、15分。
■登山適期
通年だが、梅林の見ごろは3月初旬から4月中旬。
■アドバイス
▽兵庫楽農生活センターには楽農カフェ「Five Country Cafe」や農産物直販所がある。
■問合せ先
神戸市西区役所☎078・940・9501
■2万5000分ノ1地形図
淡河・三木

ぐ。駐車場があり、右に裸石《はだかいし》神社への分岐を見て、神出神社の鎮座する**雌岡山**山頂へ。南に淡路島《あわじしま》と明石《あかし》海峡大橋がよく見える。

下山は先の分岐に戻って、裸石神社・姫石《ひめいし》神社を経由する。これらは男女の原始信仰が色濃く残っていて興味深い。神社から山腹道を行くと、山頂からの道路に出る。下るとすぐに御旅所《おたびしょ》とにい塚がある。にい塚は古墳だという。御旅所から南にある旧参道を下ると大鳥居があって登山道は終わる。その傍らに**子午線標示柱**が立っている。帰路はそのまま東に向かってもいいが、少し西に向かい右へ。楽農《らくのう》生活センターに立ち寄り、神出山田自転車道を歩いて**宮《みや》ケ谷《たに》池休憩所**を経由すれば、帰路も楽しいウォーキングになる。

CHECK POINT

1

住宅地の端に設置された雄岡山登山道の道標

2

雄岡山の頂上には鏡の収められた石祠がある

3

雌岡山の中腹にある石がご神体の姫石神社

4

神出神社参道の登り口には日本標準時子午線標示柱が立つ

5

レストランや地元農作物の販売所がある兵庫楽農生活センター

6

呉錦堂とは近隣の農地を開拓した中国人貿易商の名前

星嶺から見わたす箕面の町と六甲山

11

妙見信仰で多くの登拝者を集めた霊山

能勢妙見山

のせみょうけんさん
660m

日帰り

歩行時間＝3時間20分
歩行距離＝7・9km

技術度

体力度

コース定数＝**15**	
標高差＝468m	
累積標高差	↗588m ↘588m

大阪府能勢《のせ》町と兵庫県川西《かわにし》市に属する妙見山は、山頂部に北極星を信仰する妙見宮があり、信仰の山として知られている。現在はケーブルカーが通じ、中腹にアスレチックなどがあるレジャーの山としても親しまれる（ともに廃止）。登拝道も数多いが、「兵庫県の山」として、府県境を歩く上杉《うえすぎ》尾根と大堂越《おおどうごえ》のコースを紹介する。

妙見宮の開運殿は参拝者の姿が絶えない

■**鉄道・バス**
往路・復路＝能勢電鉄妙見線妙見口駅が起・終点駅。
■**マイカー**
阪神高速池田木部第二ランプから国道173号を北上、一の鳥居で国道477号に入り妙見山を目指す。妙見口駅前の食堂兼土産物店のかめたにの有料駐車場へ。
■**登山適期**
桜は4月上旬、ブナの新緑は5月上旬がいい。秋の紅葉は11月中旬から下旬。冬は通常、積雪はない。
■**アドバイス**
▽妙見の森ケーブルとリフトは23年12月に廃止。黒川駅の有料駐車場や妙見の森の施設も閉鎖された。
▽妙見宮から北へ本滝寺へ下り、府道を左に下って国道を渡ると野間の大ケヤキがある。妙見宮から所要1時間40分。

野間の大ケヤキ

能勢電妙見口駅から北に向かう道を直進する。国道を横切って進むと右手に上杉尾根登山口がある。ひと登りで尾根に上がれば、あとは快適な尾根道歩きが続く。参詣道らしく妙見宮の常夜灯などが残っている。**八丁茶屋《はっちょうぢゃや》跡**の先からいったん下りになり、再び緩やかに登っていくと**山上駐車場**に出る。駐車場の先に旧バス停の広場があり、鳥居をくぐって直進して展望デッキのある星嶺《せいりょう》（信徒会館）を経て、本殿の**開運殿**に詣でる。

開運殿からは、西にのびる尾根上にあるブナ林を訪ねよう。この緯度と標高では貴重なブナ林で、大阪府の天然記念物に指定されている。そのまま下っていくと、リフトの下側の駅があるふれあい広場に通じる道路に出る。しばらく下り、左にカーブするところで大堂越に向かう登山道に入る。

急坂を下って、峠になった**大堂越**へ。左に道をとり、炭焼窯跡や台場クヌギなど北摂《ほくせつ》の里山風情を楽しみながら川沿いを下っていくと、**黒川《くろかわ》駅**の横に出てくる。あとは国道を経由して**妙見口駅**に戻る。

■問合せ先
川西市文化・観光・スポーツ課☎072・740・1161
■2万5000分ノ1地形図
妙見山

CHECK POINT

1 妙見口駅がスタート。北にのびる道へ進む

2 上杉尾根登山口。上杉尾根は府県境を歩く

3 「台場クヌギ林」の表示にしたがうと休憩所がある

4 妙見宮の信徒会館の星嶺はユニークな建物

5 下りはじめてすぐに出会うブナ林

6 大堂越から下る道には炭焼窯跡がある

12

大野山

アジサイの名所と奇岩めぐりを楽しむ

おおやさん
754m

日帰り

歩行時間＝3時間
歩行距離＝6・5㎞

技術度
体力度

コース定数＝14	
標高差＝424m	
累積標高差	↗589m ↘529m

大野山山頂から猪名川天文台を見る

北摂《ほくせつ》にゆったりと横たわる大野山は、山頂部が天文台やキャンプ場のある「大野アルプスランド」とよばれるレジャーゾーン。一帯はアジサイが植えられ、初夏にはさまざまなブルーの花が楽しめる。とはいえ、登るとなると、それなりに歩きごたえがあるばかりか、西にのびる尾根にはさまざまな形をした奇岩が現れ、目を楽しませてくれる。

太鼓岩は岩めぐりのクライマックス

県道12号の**西軽井沢登山口**から道標にしたがって右の細い道に入る。しばらくは舗装路が続くが、このあたりは古い別荘地で廃屋が並んでいる。広い林道のような道はやがて登山道へと変わる。道標があるので迷うことはないだろう。川沿いになると一部崩落箇所があるが問題はない。

気持ちのよい自然林を登りつめて稜線に出て右へ。尾根をたどると芝生広場になった**大野山**山頂に着く。360度に北摂の山々を眺める展望はすばらしい。

山頂からはあじさい園を通って猪名川《いながわ》天文台へ。こちらも展望は抜群だ。展望台の広場の西端に下山路が続いている。これをたどると、林道を横切って**岩めぐりコース**に入る。しばらくは尾根筋を行

■**鉄道・バス**
往路＝日生中央駅から阪急バス36分で杉生へ。同区間は猪名川ふれあいバスも運行しているが、便数が少なく日曜と祝日は運休。杉生から登山口へ徒歩50分。
復路＝徒歩1時間の杉生バス停から日生中央駅へは往路を参照。

■**マイカー**
大野アルプスランドに駐車場があるが、登山目的には適さない。

■**登山適期**
アジサイは6月下旬～7月中旬。新緑は5月上旬～中旬。紅葉は11月中旬～下旬。冬は積雪があることも。軽アイゼンを携行すると安心。

山頂付近のアジサイ

■**アドバイス**
▽バス路線の廃止で、入・下山口へは、最寄りバス停から1時間前後歩くことになる。一般にはタクシーの利用が現実的だろう。

■**問合せ先**
猪名川町役場☎072・766・8709、阪急バス猪名川営業所☎072・766・3912、日の丸ハ

く。大きくて目立つ花立岩《はなたていわ》をすぎると尾根をはずれ、北斜面を歩くようになる。ユニークな名前の岩が点在するが、大岩が立つ神楽座《かぐらざ》手前が少しわかりにくいので、しっかりと踏跡を見きわめよう。巨岩の中でひときわみごとなのが太鼓岩《たいこいわ》。屋久島《やくしま》の太忠《たちゅう》岳にある天柱岩の小型版のようだ。

登山道が登りに転じるとやがて**林道**に飛び出す。岩めぐりはここまでであとは車道を下っていく。下り着いた**柏原**《かしはら》の棚田も見どころのひとつだ。

イヤー猪名川営業所☎072・766・0076
■2万5000分ノ1地形図
福住

CHECK POINT

1 県道沿いの道標があるところが登山口

2 谷道を登りきり、尾根に出ると山頂はもうすぐ

3 猪名川天文台の前から大展望が広がる

4 天文台から西に下り、岩めぐりコースの入口へ

5 巨岩がいくつもある神楽座と名づけられた場所

6 ゴールの柏原の棚田と茅葺屋根の風景

13

日帰り

大船山

おおふなやま
653m

瀬戸内を行く船の指標となった秀麗な山

歩行時間＝2時間40分
歩行距離＝5・3km

技術度
体力度

コース定数	＝12
標高差	＝448m
累積標高差	↗508m ↘469m

↑尖った山容を見せる大船山。三田には特徴的な山が多い
←山頂から南南東方面を見ると、遠く大阪市街が見える

三田《さんだ》市の大船山は、西麓を流れる羽束《はつか》川沿いから眺めると、尖った山頂がひときわ目立つ。山頂の案内板によれば、柿本人麻呂が西国から帰ってくる際に、明石《あかし》海峡あたりで船上から大船山を見て大和に帰ってきたことを実感し、歌に詠んだという。

登山道は、西の羽束川沿いの十《と》倉《くら》からと、東麓の波豆《はず》川沿いの大《おお》磯《いそ》および波豆川からの3つがある。このうち、波豆川からの登山道は、かつて中腹にあった大舟寺《だいしゅうじ》への参詣道となっていて、南北朝・室町時代のものという五輪卒塔婆型の町石が残っている。

大舟寺は江戸時代初期に麓に移され、茅葺きの庫裏と鐘楼が閑静な境内に建っている。そのころにはすでにあったというカヤの古木

■鉄道・バス
往路＝JR宝塚線三田駅から神姫バス25分で十倉バス停へ。
復路＝波豆川から神姫バス30分で三田駅へ向かう。
■マイカー
新名神高速宝塚北SICから県道33・323号を経てカナディアン大磯の駐車場（有料）へ。約12㌔、30分。
■登山適期
通年。冬季も基本的に積雪はない。
■アドバイス
▽下山路は一部踏跡が不明瞭だが、ロープが張られているので、それに沿って歩けばよい。
▽波豆川からのバスは土・日曜は13時2分が最終なので注意。平日はや

三田市天然記念物のカヤがみごとな大舟寺

大舟寺参詣道だった往時の面影を伝える五輪卒塔婆型の町石

が枝を広げる姿もみごとだ。

十倉バス停から、近くにある大船山登山口の案内板にしたがって山の手に向かう。獣除けの電気柵を通り、3つ目の池から登山道に入る。雑木林の中を登りきって**十倉峠**で右折、記帳所のある**波豆川分岐**から山頂に向かう。山頂直下の急登はきついが、**大船山**山頂からの展望はすこぶるいい。

分岐に戻り、波豆川方面へ。すぐに大舟寺跡があり、下山に使う参道沿いには町石が点在する。足もとは石がゴロゴロして歩きにくいが、電気柵をすぎると林道になり、**波豆川バス停**に着く。下山後はやはり**大舟寺**に立ち寄っていきたい。

や本数が多く、18時台が最終。
▽電気柵は端の取っ手を握って開けることができるが、通過後はちゃんと閉めておくこと。

■問合せ先
三田市総合案内所☎079・563・0039、神姫バス三田営業所☎079・565・5711

■2万5000分ノ1地形図
木津

CHECK POINT

1 十倉バス停近くに登山道を示す道標がある

2 登山口近くの池越しに大船山の尖った山頂を見上げる

3 「ツゲド」とよばれる十倉峠でひと息つける

4 石祠と説明板のある大船山山頂。見える山もわかる柱が立つ

5 大船山山上の平坦地に今も残る大舟寺跡

6 登山道が林道となると登山口。波豆川バス停はすぐ

14

有馬富士

公園施設内の小さな富士と西国札所

ありまふじ
374m（最高地点＝約400m／花山院）

日帰り

歩行時間＝3時間30分
歩行距離＝8・6km

技術度
体力度

コース定数＝14	
標高差＝194m	
累積標高差	↗514m ↘565m

江戸時代の地誌『摂陽群談』でも「有馬富士山」とよんでいる

わんぱく砦はその名に似合わずハード

有馬富士は、昔は「角山《つのやま》」とよばれたが、今は地形図にも愛称の「有馬富士」として記載されている。周辺は有馬富士公園として整備されたレジャーゾーンだが、有馬富士そのものは岩場が多く、特に南面のわんぱく砦とよばれる岩場は、その名に似合わず、なかなか手ごわい。コースタイムは短いので、西国札所番外の花山院《かざんいん》と組み合わせると充実する。

花山院バス停からまずは舗装路を花山院菩提寺《ぼだいじ》へ登っていく。登りつめたところが**花山院**で、西国巡礼の祖ともいわれる花山院の墓所もある。有馬富士を見下ろす展望がいい。

花山院バス停まで戻り、道路を横断して下ると、花山院ゆかりと伝わる十二妃の墓がある。バス道に出て南下、道路標示にしたがって右折して有馬富士公園へ。進んでいくと左手に尾根コースの**登山口**がある。

登山道に入ると、近年は歩く人も少ないのだろう、しばらくは荒れた道が続く。軽くアップダウンしながら有馬富士に近づいていくと道も歩きやすくなり、山麓周遊道に出る。直進して急坂を登りつめれば**有馬富士**山頂に着く。南側

山頂直下からは六甲山など南の展望が開ける

の山頂直下が開けていて六甲山《ろっこうさん》の山並みが見わたせる。

　下りはそのまま南へ、わんぱく砦と名づけられた岩場を足もとに注意しながら下る。下りきってしばらく行くと小さな広場になった頂上広場に着く。いくつか下山道があるが、フィトンチッドの道が近道だ。周遊路を横切って進むと**芝生広場**に出る。

　そのまま駐車場へ進み、福島《ふくしま》大池へ下る。福島大池に沿って進んでいくと西端で**橋**に突き当たる。橋を渡って川沿いに緑陰の道を進んでいこう。途中で道が二分する。どちらの道を行ってもよいが、左の道を選び、道路に出てしまう方が、**新三田《しんさんだ》駅**には近い。

CHECK POINT

1

「琴弾坂」とよばれる花山院への道を歩く

2

西国番外札所の花山院。有馬富士が見下ろせる

3

花山院ゆかりの十二妃の墓に立ち寄ろう

4

有馬富士公園北側の入口からアプローチ

5

上へ行くほど岩が露出する有馬富士への登り

6

小広場となった有馬富士の山頂。南の展望がある

7

有馬富士公園の芝生広場近く。園内は道が多く複雑

8

新三田駅へは小川に沿う遊歩道が設けられている

■鉄道・バス
往路＝ＪＲ福知山線（宝塚線）三田駅から神姫バス約15分で花山院へ。
復路＝ＪＲ福知山線新三田駅。

■マイカー
中国自動車道神戸三田ICから県道95号を東へ、県道720号を経由して県道570号で有馬富士公園駐車場（無料）へ。ICから約8キロ、15分。

■登山適期
通年登れるが、6月ごろに福島大池花菖蒲園にハナショウブが咲く。

■アドバイス
▽有馬富士の北東に天然温泉有馬富士花山乃湯☎079・562・1249がある。第3木曜休（祝日の場合翌日休）。

■問合せ先
三田市総合案内所☎079・563・0039、有馬富士公園☎079・562・3040、神姫バス三田営業所☎079・565・5711

■2万5000分ノ1地形図
藍本・三田

花山院山門から境内へ

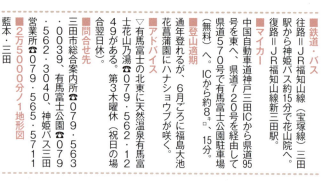

日帰り

千丈寺山

千丈寺湖を望む天狗伝説の山

せんじょうじやま
590m

歩行時間＝3時間35分
歩行距離＝7・0km

技術度
体力度

コース定数 ＝14	
標高差 ＝388m	
累積標高差	↗525m
	↘537m

小野集落から見上げる千丈寺山

下山路の展望岩から青野ダムを一望する

三田市《さんだ》にある千丈寺山は、山頂に磐座《いわくら》があり、山岳霊場として知られていたらしい。雨乞いが行われたのはもちろん、その昔、六甲《ろっこう》山《さん》から天狗が飛んでやってきたという民話も残る。いまは東麓に北《ほく》摂《せっ》里山博物館のひとつとして「乙《おち》原《ばら》てんぐの森」が整備され、南にはダム湖の千丈寺湖が広がっている。

乙原ロバス停で下車し、「てんぐの森」の案内板にしたがって山の手へ。山裾に沿って集落を歩くと、道標が現れるので左折する。すぐに駐車場とトイレのある**てんぐの森多目的広場**がある。山頂へは案内にしたがっていけばよい。谷を渡り返しながら高度を上げていく。周囲がケヤキ林になり炭焼窯跡を見ると急登になるが、このあたりの林は広々として気持ちがよい。

樹林がうっそうとしてくると庚申信仰の祠（現地は庚神となっている）があり、主稜線の**松住《まつずみ》権現**に出る。主稜線は時折露岩も現われる快適な道で、東に尖峰の大船

前山南の裸地から間近に千丈寺山が見える

山《やま》を望む。最後に岩場を登りきると**千丈寺山**山頂だ。1等三角点はその先の一段下がったところにある。また、山頂の磐座の基部に権現を祀る祠がある。

山頂の岩の基部にある権現の祠

下山は南へ直進する。すぐに千丈寺湖を見下ろす展望のよい小ピークがある。ここで西に方向転換し、急坂を下っていく。道が緩やかになり、前山を迂回するように進むと、丈の低い松が生える灌木帯となる。やがて登ってきた千丈寺山が望めるようになる。

　手製の道標があるピークをすぎると道は急坂に。途中で胸のすくような展望が広がる**展望岩**を経

CHECK POINT

1 乙原口バス停近くにてんぐの森を示す道標がある

2 てんぐの森の多目的広場には駐車場とトイレがある

3 稜線に出ると、護摩場のある松住権現がたたずむ

4 三角点のある千丈寺山山頂。奥の岩場の方が少し高い

5 南の登山口に下りてくると北浦天満宮がある

6 小野バス停から登ってきた千丈寺山を振り返る

て、**北浦《きたうら》天満宮**へ下り着く。あとは車道を小野峠を越えて**小野《おの》バス停**まで歩く。

■鉄道・バス
往路＝JR福知山線（宝塚線）三田駅から神姫バス約20分で乙原口へ。復路＝小野から神姫バス約15分で三田駅へ。

■マイカー
中国自動車道神戸三田ICから県道95、308、49号を経由し、乙原口へ。「てんぐの森」案内にしたがい左折して、てんぐの森多目的広場駐車場（無料）へ。約15㌔、25分。

■登山適期
新緑は5月上旬、秋の紅葉は11月中旬。冬は通常、積雪はないが、低地に降雪があるような場合は軽アイゼンがほしい。

■アドバイス
▽北千丈寺山は松住権現から北にすぐだが展望はない。
▽平日なら北浦バス停から新三田駅へのバス便が利用できる。利用できる便は14時52分のみ。極楽寺前バス停は適切な便がない。

■問合せ先
三田市総合案内所☎079・560・0039、神姫バス三田営業所☎079・565・5711

■2万5000分ノ1地形図
藍本

↑羽束山は小ぶりながら『摂陽群談』にも「香下山」と名が見える古くからの名山

←羽束神社の先に展望岩がある

16 手軽で小ぶりな信仰の山に登る

羽束山

はつかやま
524m

日帰り

歩行時間＝1時間35分
歩行距離＝4・1km

技術度 ■■□□□
体力度 ■□□□□

コース定数	=**9**
標高差	=309m
累積標高差	↗436m ↘436m

羽束山は1時間そこそこで一周できてしまう小さな山だが、そばを流れる川の名が「羽束川」とよばれるように、その姿は周辺からよく目立つ、地域を代表する山だ。北にある大船山《おおふなやま》からもその姿のいい山容を見ることができる。手軽でよく整備されているので、初日の出を見に登る人も多い。

香下《かした》バス停から東に歩き、羽束山の案内にしたがって左折して坂を登っていく。登り着いた先の**香《こう》下寺《げじ》**は百済の僧、日羅上人開基とされ、上人がケヤキに彫った十一面観音がよい香りを放ったことから「香下」の名がついたとされる。登山口はその横の八王子《はちおうじ》神社の脇にある。

登山道は丁石の点在する参道で、石段を登ると甚五郎山《じんごろうやま》との鞍部の**六丁峠《ろくちょうとうげ》**に着く。峠には南無阿弥陀仏と刻まれた石碑と石地蔵がある。展望はないが、甚五郎山に足をのばしてもいい。5分ほどで登り着く。

峠からは山腹道を歩く。石段は

大船山から見た羽束山（左）と宰相ヶ岳（右）

■**鉄道・バス**
往路・復路＝JR福知山線（宝塚線）三田駅から神姫バス15分、香下バス停へ。

■**マイカー**
中国自動車道神戸三田ICから新三田駅南を通り、北摂里山街道（県道68号）経由で香下寺駐車場（無料）へ。約10キロ、20分。

■**登山適期**
通年。冬季も基本的には積雪はない。

まだまだ続くが、登りきると分岐があり、まずは羽束神社が建つ**羽束山**山頂へ。神社の南には展望岩があり、南西方面が望め、有馬《ありま》富士や遠く播磨灘《はりまなだ》も見える。

山頂から観音堂へ下り、木器《こうづき》バス停方面への道標を見つけて荒れ気味の登山道を下ると、宰相《さいしょう》ヶ岳《たけ》との**鞍部**に下り立つ。登ってきた香下寺へは、左の道をとるが、このまま下ってはあまりにあっけないので、三角点のある**宰相ヶ岳**のピークも踏んでいくとよいだろう。**鞍部**から下ると谷沿いになり、池のほとりを経由して**香下寺**に戻ってくる。

CHECK POINT

1 香下の集落から香下寺に向けて登っていく

2 地蔵のある六丁峠は甚五郎山との鞍部になっている

3 山頂には羽束神社が建っている。観音堂は一段下

4 神社先の展望岩の末端から先は立入禁止

5 観音堂の広場に口を開けている下山口から鞍部に下る

6 谷道を下ると池の横を通って香下寺に下っていく

広々とした観音堂の広場は気持ちのいい場所だ

■アドバイス
▽三田駅から香下（東部行き）のバス便は少ない。時間が合わない場合は西の志手原バス停を利用する。香下バス停から徒歩約20分。
▽観音堂から宰相ヶ岳の鞍部、香下寺の道は多少荒れていて足もと注意。

■問合せ先
三田市総合案内所☎079・563・0039、神姫バス三田営業所☎079・565・5711

■2万5000分ノ1地形図
木津

17 大岩ヶ岳

おおいわがたけ 384m

湖と展望の尾根、湿原を訪ねて、地形を楽しむハイキング

日帰り

歩行時間＝3時間55分
歩行距離＝10・5km

技術度 ■■□□□
体力度 ■□□□□

コース定数＝17	
標高差＝237m	
累積標高差	↗644m ↘644m

↑周遊路分岐から尾根道に入ると大岩ヶ岳の丸い山容が見えてくる

←大岩ヶ岳山頂から千苅水源池越しに尖った山容の大船山を望む

大岩ヶ岳は、神戸市道場《どうじょう》にある比較的よく知られた山で、展望もよいことから人気も高い。山頂東側の丸山《まるやま》湿原周辺は地形が複雑で、地形図を読み、現在地を把握しながら歩くと楽しい。

道場駅から東へ、踏切を越え、武庫《むこ》川を右手に見ながら東進する。突き当たりの**東山《ひがしやま》橋**を渡らずに、左に千苅《せんがり》ダムを目指す。**千苅貯水場**の手前で川沿いの遊歩道へ。姿を現わした千苅ダムは明治時代竣工の石造りのダムで、見ごたえ充分だ。

ダムの前で橋を渡り、少し下流に下って、左上する道に入ってフェンス沿いに登る。山道に入ると、千苅貯水池周遊路との分岐まではほぼ一本道だ。谷筋からやがて尾根道になり、途中で左に道が分岐

■鉄道・バス
往路・復路＝JR福知山線（宝塚線）道場駅が起・終点駅。
■マイカー
中国自動車道西宮北ICから国道176号経由で北上、道場東交差点で右折し、千苅ダムを目指す。貯水場付近に駐車場あり。約10㌔、20分。
■登山適期
通年登れる。貯水場の桜は4月上旬、新緑は4月下旬～5月中旬、紅葉は11月下旬～12月上旬。
■アドバイス
▽貯水場は桜の名所として知られる。4月上旬が見ごろ。その時期は

明治竣工の千苅ダムは見ごたえがある

するが、直進する道を選んで進む。

左に貯水池を垣間見ながら山腹道を歩き、谷を2つほど渡って尾根を登りつめたY字路が**周遊路の分岐**で、右の道を選んでいくつかピークを越えていくと、展望抜群の**大岩ヶ岳**に登り着く。羽束山《はつかやま》や大船山《おおふなやま》など、三田《さんだ》方面の山並みが、尖ったピークを波立たせてとりわけみごとだ。

下山は東に向かう道を下っていく。小さなピークを北に迂回するように進むと丸山への道標があるので、南へ。遊歩道にぶつかったら右折、すぐに左折すると**丸山湿原**に導かれる。

湿原の北の道をたどり、尾根に登って道なりに進んでいく。やがて谷沿いとなり、つめ上げて峠を乗り越していく。川沿いに出て進むと、やがて**東山橋**に着く。あとは往路を**道場駅**へ向かえばよい。

CHECK POINT

ハイカーのみならずクライマーの姿も多い道場駅

貯水場の手前で右に折れて川沿いの道に入る

千苅ダム下のフェンス沿いに続く道を登る

360度の展望が楽しめる大岩ヶ岳の山頂で憩う

周遊路が設けられている丸山湿原に立ち寄ろう

東山橋まで戻ってくるとハイキングは終わりだ

周辺は車両通行止めになる。
▽近年は丸山湿原への分岐を直進して、東大岩ヶ岳に登る人も多い。
▽地形が複雑なので、随時、地形図で現在地を確認したい。
■問合せ先
神戸市北区地域協働課☎078・593・1111、宝塚市観光企画課☎0797・77・2012
■2万5000分ノ1地形図
武田尾

18

枕木、鉄橋、トンネル、廃線跡でアドベンチャー気分

大峰山・福知山線廃線敷

おおみねさん　552m
ふくちやませんはいせんじき

日帰り

歩行時間＝4時間5分
歩行距離＝10.0km

技術度
体力度

コース定数＝20
標高差＝487m
累積標高差 867m 812m

↑通常の橋のように整備された第2武庫川橋梁を渡る
←何度もトンネルを通過する。完全な闇を経験できておもしろい

JR福知山《ふくちやま》線は、1986年に複線化が完了した。それまで岩を食む豪快な流れや切立つ断崖を見上げながら列車に揺られていた生瀬《なませ》～武田尾《たけだお》間の車窓はトンネルの暗闇になった。この部分は廃線化後、福知山線廃線跡として一部のハイカーに歩かれていた。枕木の続く道、真っ暗なトンネル、スリリングな鉄橋歩きは、冒険心をくすぐったが、2016年に本格的なハイキング道「JR福知山線廃線敷」として整備された。少々整備されすぎて冒険的なワイルドさは失われたが、安心して歩けるようになったのは確かだ。廃線敷だけではフラットなウォーキングになるので、廃線敷東にある大峰山と併せて歩いてみよう。

生瀬駅から国道に出て西へ歩く。木《き》ノ元《もと》バス停ひとつ手前の横断歩道を武庫川《むこがわ》側に渡り、川沿いに下りる。ここが**廃線敷歩きのスタート地点**だ。北山《きたやま》第1トンネルを抜け、対岸に岩壁を見上げながら**北山第2トンネル**へ。トンネルを抜け、豪快に水が暴れる溝《みぞ》滝を見下ろして溝滝尾トンネルに入る。この先にコース中の白眉ともいえる**第2武庫川橋梁**がある。整備されてすっかり普通の橋になってしまったのが残念だが、鉄橋を歩いて渡る楽しみは残されている。長尾山第1トンネルを抜けると

■鉄道・バス
往路＝JR福知山線（宝塚線）生瀬駅が起点駅。
復路＝JR福知山線武田尾駅。
■マイカー
最寄りは新名神高速道路宝塚北スマートICで、約3㌔、5分だが、大阪市内方面からは阪神高速池田出口から国道176号経由、山本変電所南交差点を右折し、北上して武田尾駅を目指す。駅の手前に有料駐車場あり。約20㌔、40分。
■登山適期
春は桜が咲く4月初旬がおすすめ。紅葉は11月中旬～下旬。冬は特に積雪はない。
■アドバイス
▽トンネルは電灯が一切なく真っ暗になる。ヘッドランプは必携。
▽帰りに武田尾温泉に立ち寄れる。日帰り利用できる旅館は紅葉館別庭あざれ☎0797・91・0131、元湯☎080・4884・1876（24年7月現在休館中）。
■問合せ先
西宮観光協会☎0798・31・7821、宝塚市観光企画課☎0797・77・2012
■2万5000分ノ1地形図
宝塚・武田尾

大峰山の林間広場

やがて右手に**桜の園の入口**がある。ここが大峰山への登山口。桜の園は、水上勉の小説『櫻守』のモデルとなった桜博士・笹部新太郎の演習林の跡地だ。いくつかある遊歩道のうち、さくら道を選んで登る。標識にしたがっていくと三角点のある**大峰山**に着く。展望はない。

廃線敷に戻り、武田尾を目指す。長尾《ながお》第2、第3トンネルを抜けるとトイレのある廃線敷入口に着く。あとは**武田尾駅**を目指すだけだ。

CHECK POINT

1

生瀬駅前には案内板も設置されアプローチしやすくなった

2

廃線敷の入口近くには簡易トイレも設置されている

3

橋梁には転落防止の欄干が設置され、ファミリーも安心

4

桜の園の入口。ここが大峰山の登山口になる

5

三角点の埋まる大峰山山頂は樹林に囲まれ展望はない

6

コース終点の武田尾駅。武田尾温泉はこの先にある

↑鉄塔のあるピークからは六甲山と甲山を望むことができる

←奥之院への参道には享保年間の丁石が立つ。コバノミツバツツジのころが美しい

19

古刹の背後に連なる山々をめぐって

中山連山

なかやまれんざん
478m（中山最高峰）

日帰り

歩行時間＝4時間10分
歩行距離＝12・0km

技術度 ■■□□□
体力度 ■□□□□

コース定数＝20

標高差＝417m

累積標高差 ↗815m ↘826m

西国21番札所の中山寺《なかやまでら》の北方から東にかけて、馬蹄形に連なる山並みが中山連山だ。アクセスがよく、手軽なので、平日でも登山者の姿が絶えない。おすすめの時期は春で、早春なら紅白の梅が楽しめる中山梅林、続いて中山寺や満《まん》願寺《がんじ》の桜、やがて登山道沿いにコバノミツバツツジが咲き誇る。

中山観音駅から参道を歩くと、すぐに大きなわらじがぶら下がる中山寺の山門に出合う。境内に入って直進し、階段を登って本堂へ。背後の真新しい五重塔が目にまぶしい。

本堂前を左に向かい、信徒会館の前を通ると中山梅林がある。梅林から下って谷を渡り、奥之院参道へ。しばらくは住宅横を歩く。

住宅が途切れ、なおも丁石が点

■鉄道・バス
往路＝阪急宝塚線中山観音駅が起点駅。
帰路＝阪急宝塚線山本駅から帰途につく。

■マイカー
中国自動車道宝塚ICから国道176号経由、安倉中交差点を北へ、中山観音駅周辺の有料駐車場を利用する。約3㌔、10分。

■登山適期
通年登れる。中山梅林の見ごろは2月中旬～3月上旬。コバノミツバツツジは標高の低いところは桜の咲く4月上旬。縦走路は4月中旬。秋の紅葉は11月下旬～12月上旬。

■アドバイス
▽分岐は多いが、道標も充実しているので見落とさずに進もう。
▽最後の岩場は急な上に、足もとが不安定。足の置き場をよく確認すること。
▽中山寺は安産祈願で知られる寺。聖徳太子創建と伝わる。現存の本堂は豊臣秀頼発願によるもの。山門は徳川家光の再建。

中山寺の五重塔

見通しのいい三日月岩と書かれた付近

々とする道を登っていくと**夫婦岩**《めおといわ》にたどり着く。この先で、道は最高峰方面と奥之院方面に2分するが、ここではいったん奥之院に立ち寄ろう。聖徳太子修行の地、宇多天皇自彫りという天神が刻まれた岩を見ると、すぐに**中山寺奥之院**に着く。「武内宿祢・応神天皇御座」の祠の先に最高峰への道が続いている。

しばらく歩くと先ほど分かれた道に合流し、やがて、登山道沿いにフェンスが現れる。ほどなく縦走路から左に少しはずれた**中山最高峰**に達する。

方向転換に注意して下りはじめると、周囲は灌木が多くなり、鉄塔のあるピークでフェンスがようやく途切れ、展望のよい縦走が楽しめるようになる。アップダウンを繰り返し、**満願寺西山**を経てしばらく進むと岩場の急降下がはじまる。足もとに気をつけて下りきると**満願寺・山本駅分岐**に着く。

いったん左に道をとり、住宅街を経由して**満願寺**へ。金太郎こと坂田金時の墓がある。山本駅へは、住宅地内にある川西《かわにし》市設置の「最《さい》明寺《みょうじ》滝」への道標にしたがって歩

▽満願寺は奈良時代開基の古刹で多田源氏ゆかりの寺。桜の季節なら「せんじゅ桜の庭」はぜひ訪れたい。

■問合せ先
宝塚市観光企画課☎0797・77・2012

■2万5000分ノ1地形図
武田尾・広根・宝塚・伊丹

CHECK POINT

1 足腰が丈夫になるように草鞋が奉納された中山寺山門

2 休憩ポイントの夫婦岩は樹木が育ち、展望が悪くなった

3 美しくリフォームされた中山寺の奥之院

4 登山道を少し横にはずれた三角点の埋まる中山山頂

5 満願寺西山の三角点も登山道を少しはずれる

6 岩場を下りきると満願寺・最明寺滝分岐に着く

7 多田源氏ゆかりの満願寺にある坂田金時（金太郎）の墓

8 最明寺滝への分岐にはユニークな土門が建っている

古くからの行場の最明寺滝

満願寺のせんじゅ桜の庭

く。大聖不動明王への階段手前で右へ進むと、満願寺・山本駅分岐からの道と合流する。土門の手前で左にとって**最明寺滝**を見学してから**山本駅**に向かうとよいだろう。

2

御岳・小金ヶ岳

「多紀アルプス」の名で知られる丹波の名峰

みたけ 793m
こがねがたけ 725m

日帰り

歩行時間＝4時間10分
歩行距離＝8・2km

技術度
体力度

コース定数＝19

標高差＝523m

累積標高差 849m 862m

小金ヶ岳へは鎖場のある岩稜を越えていく

クリンソウの群生地も御岳の魅力のひとつ

御岳、小金ヶ岳の連峰は、岩稜が顕著で、「多紀《たき》アルプス」ともよばれる。御岳は、地形図では「三嶽」となっているが、もともとは西岳《にしだけ》、御岳、小金ヶ岳の三峰を指して「三嶽」とよんだらしいので、ここでは「御岳」と表記する。古

■鉄道・バス

往路＝JR福知山線篠山口駅からウイング神姫バス22分で篠山営業所へ。日本交通乗合タクシーに乗り換え、約30分で火打岩停留所へ。

復路＝小金口停留所から乗合タクシー約30分で篠山営業所へ。ウイング神姫バスに乗り換え22分で篠山口駅へ。

■マイカー

舞鶴若狭自動車道丹南篠山口ICから東に向かい、県道299・36・77・140号で岡野小学校北交差点へ。右折して県道301号を東進し、「いわや」の看板を目印に進むと火打岩集落先の右に多紀連山駐車場がある。大たわはその先の峠。いずれも無料。また、城北交差点を右折していくと登山者用駐車場がある。

■登山適期

クリンソウの花期は5月中旬。紅葉は11月中旬～下旬。冬季は積雪を見ることもあり、軽アイゼンは必携。

■アドバイス

くは山岳修験の山として知られ、「西の大峯《おおみね》」とも称されたという。

　御岳へのスタートは**火打岩《ひうちわん》停留所**から。停留所の先に民家があり、その棟の間に登山道入口がある。急階段の道が続き、尾根に出てほっとひと息、しばらくは緩やかな尾根道が続く。

鳥居堂《とりいどう》跡をすぎて進むと、左にクリンソウ群生地への道が開けている。季節ならぜひ寄っていこう。大岳寺《みたけじ》跡の先は急登となり、見晴らしのいい岩場もある。

　植林帯に入り、あずまやをすぎると多紀アルプスの主稜線はすぐだ。主稜線に出たところに役行者を祀る大きな石造りの行者堂《ぎょうじゃどう》がある。左に進むとすぐに多紀アルプスの主峰、**御岳**山頂だ。展望はあるものの、爽快さには欠ける。

　御岳から東に、小金ヶ岳に向かおう。駐車場のある峠の大たわまでは鎖場や急階段があるので足もとに注意しよう。**大たわ**で道路を横切り、小金ヶ岳の登山道へ。アスレチック施設を横目に登っていくと、やがて岩場が現れ、展望もよくなる。目の前の小金ヶ岳への岩稜が荒々しい。振り返ると御岳も見えるようになる。

　この先、鎖場をこなしながらの岩稜歩き。足もとには重々気をつけよう。特に北側は断崖になっている。最後に急登をこなすと**小金ヶ岳**山頂に着く。突出した山頂だけに展望は広大だ。

　下山は90度南へ。岩場も混じえながら急降下する。道標の立つ鞍部に出たら道は平坦になる。広い平地になった福泉寺《ふくせんじ》跡をすぎると、谷へ下っていく。谷道は足もとに石がゴロゴロして歩きづらいが、下りきると左手にかやぶきの「いわや」がある道路に出る。道路を下っていくと**小金口《こがねぐち》停留所**だ。

▽乗合タクシーは平日が午前2便で土日祝が1便、復路の最終便は平日・土日祝とも16時台。出発の1時間前までに要予約。日本交通篠山営業所☎079・594・1188。

■問合せ先
篠山観光案内所☎079・552・3380、ウイング神姫篠山営業所☎079・552・1157

■2万5000分ノ1地形図
宮田・村雲

CHECK POINT

1 乗合タクシーの火打岩停留所から登山をスタート

2 民家の間の路地についている登山口から登山道へ

3 修験の山、御岳の史跡のひとつ、鳥居堂跡には石垣が残る

4 大岳寺跡。丹波修験は平安末期から室町時代にかけて栄えたという

5 植林帯の中の休憩所まで来ると主稜線まではひと登り

6 多紀アルプスの主峰、御岳山頂は電波施設もあり、展望も今ひとつ

7 小金ヶ岳から下りきった鞍部に立つ道標。福泉寺跡はこの先

8 ガレた谷道から小金ヶ岳登山口まで下るとホッとする

大たわにはトイレや駐車場がある

御岳から大たわへは急階段や岩場が続く

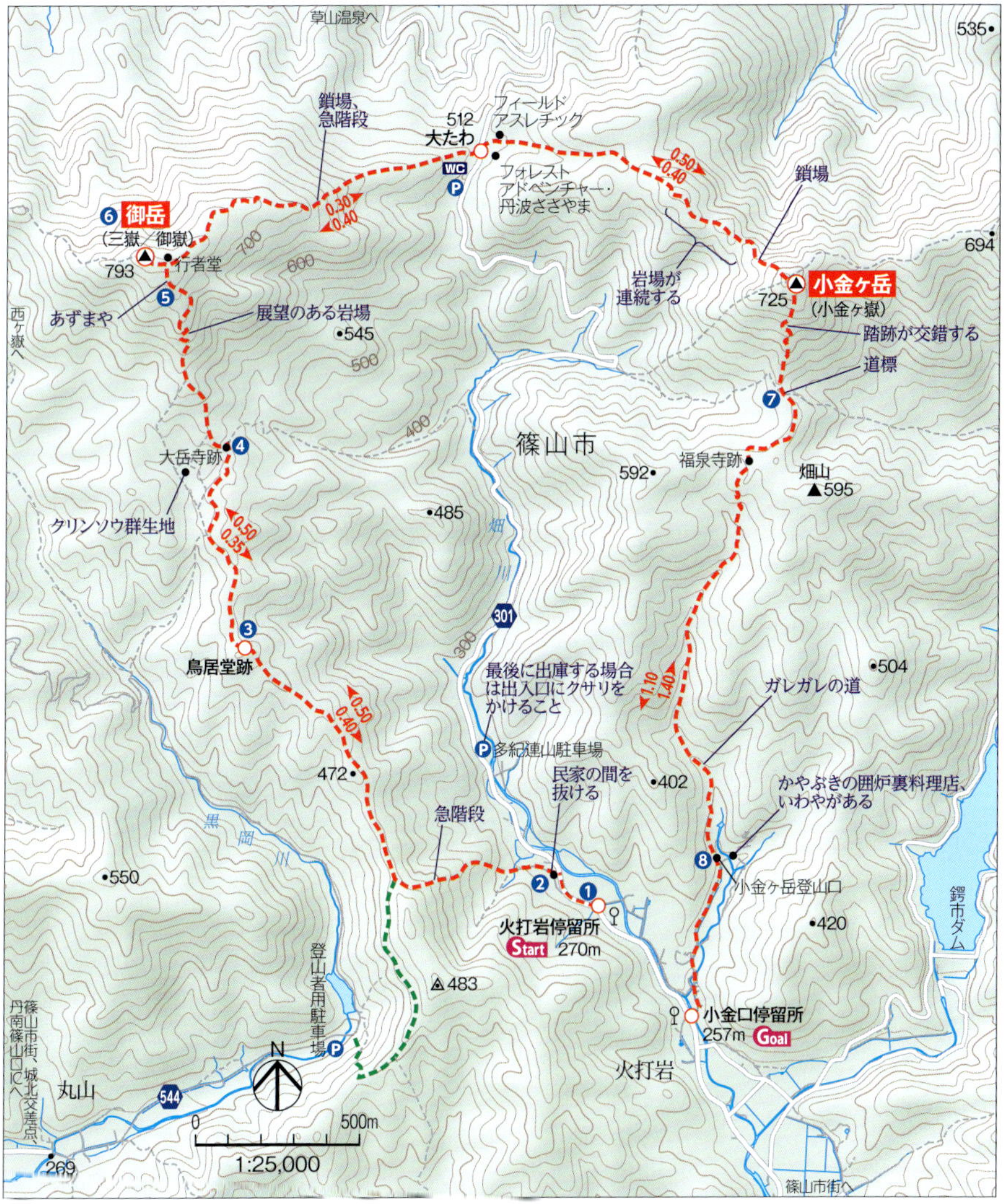

21

丹波富士から山城と山岳寺院の名残のある山へ

白髪岳・松尾山

しらがだけ 722m
まつおやま 687m

日帰り

歩行時間＝5時間10分
歩行距離＝13・1km

技術度
体力度

コース定数＝**22**	
標高差＝503m	
累積標高差	↗ 819m ↘ 819m

↑南の今田町立杭付近から望む丹波富士の白髪岳

→頂上直下には岩場もあり、アルペンムードが味わえる

丹波《たんば》篠山《ささやま》の西にそびえる白髪岳は、南から眺めると富士型に見えることから、「丹波富士」とよばれている。丹波の里を見下ろす展望もよく、スリリングな岩場もあって、訪れる登山者をあきさせない。

古市駅《ふるいち》から西へ、古い宿場町を通って国道に出て、すぐに山裾を回りこむようにして北に向かう。天神《てんじん》川沿いに延々と進んで住山《すみやま》集

■**鉄道・バス**
往路・復路＝JR福知山線古市駅が起・終点駅。

■**マイカー**
舞鶴若狭自動車道丹南篠山口ICから国道176号を南へ。古市交差点を右折して住山集落を目指す。集落の先に約20台が停められる白髪岳駐車場（無料）と、その先に民家が提供する有料の駐車場がある。約10キロ、20分。

■**登山適期**
通年登れる。新緑は4月下旬～5月下旬、紅葉は11月中旬～12月下旬。冬季は積雪も予想されるので、軽アイゼン必携。

■**アドバイス**
▽道路歩きが長いのでタクシーが便利だが、古市駅には常駐していないので、よぶことになる。日本交通☎079・594・1188。
▽岩場や白髪岳からの下り、松尾山の下りは足もとに充分に気をつけよう。特に雨後・雨中は注意。

■**問合せ先**
篠山観光案内所☎079・552・3380

■**2万5000分ノ1地形図**
篠山

白髪岳山頂から望む御岳（中央）と小金ヶ岳（右）

落に入り、白髪岳と松尾山の**分岐の三差路**にたどり着く。左の道を進むとあずまやのある**住山登山口**だ。

登りはじめは谷を回りこむように進み、やがて尾根に出るとベンチがある。

山頂へは尾根伝いに進んでいく。頂上直下にロープが張られた岩場があり、登りきると山頂はすぐだ。**白髪岳**山頂は360度の展望が開け、丹波の山里の風情や山並み、遠く六甲山《ろっこうさん》も遠望できる。

次に尾根続きの松尾山を目指す。689メートル峰は南側の山腹を巻いて進む。再び尾根に出て快適に進んでいくと、登りに転じ、文保《ぶんぽう》寺《じ》への分岐、鍵掛《かぎかけ》の辻《つじ》を越えていく。登りつめると**松尾山**山頂だ。昔は「高仙《こうせん》寺山《じさん》」ともよばれていて、戦国時代には酒井氏の城があった。

下りはじめると、すぐに巨大な千年杉がそびえている。次に現れるのが、少し登山道をはずれるが、展望のいい仙ノ岩だ。

下りきったところで、高仙寺僧侶の墓地である卵塔群を見て、山腹道を大正時代まであったという**高仙寺本堂跡**へ。礎石や愛宕堂の小堂などが残り、往時を偲ぶことができる。

あとは阿弥陀堂（三基の石仏）から不動滝のある谷に沿って下る。林道に下り、茶畑の横を歩いて住山集落に戻ってくる。

CHECK POINT

1 住山集落まで来たら三差路の分岐を白髪岳方面へ

2 住山登山口にはあずまやと環境保全林の案内板がある

3 尾根にたどり着いたところにはベンチがある

4 白髪岳から689メートルピークの山腹を巻くように下っていく

5 文保寺方面への分岐になっている鍵掛の辻

6 戦国時代の山城跡の松尾山山頂。明智光秀に攻め入られた

7 高仙寺跡の手前にある卵塔群。卵塔は僧侶の墓石だ

8 小さな不動滝。上の岩場に金剛蔵王権現像が祀られる

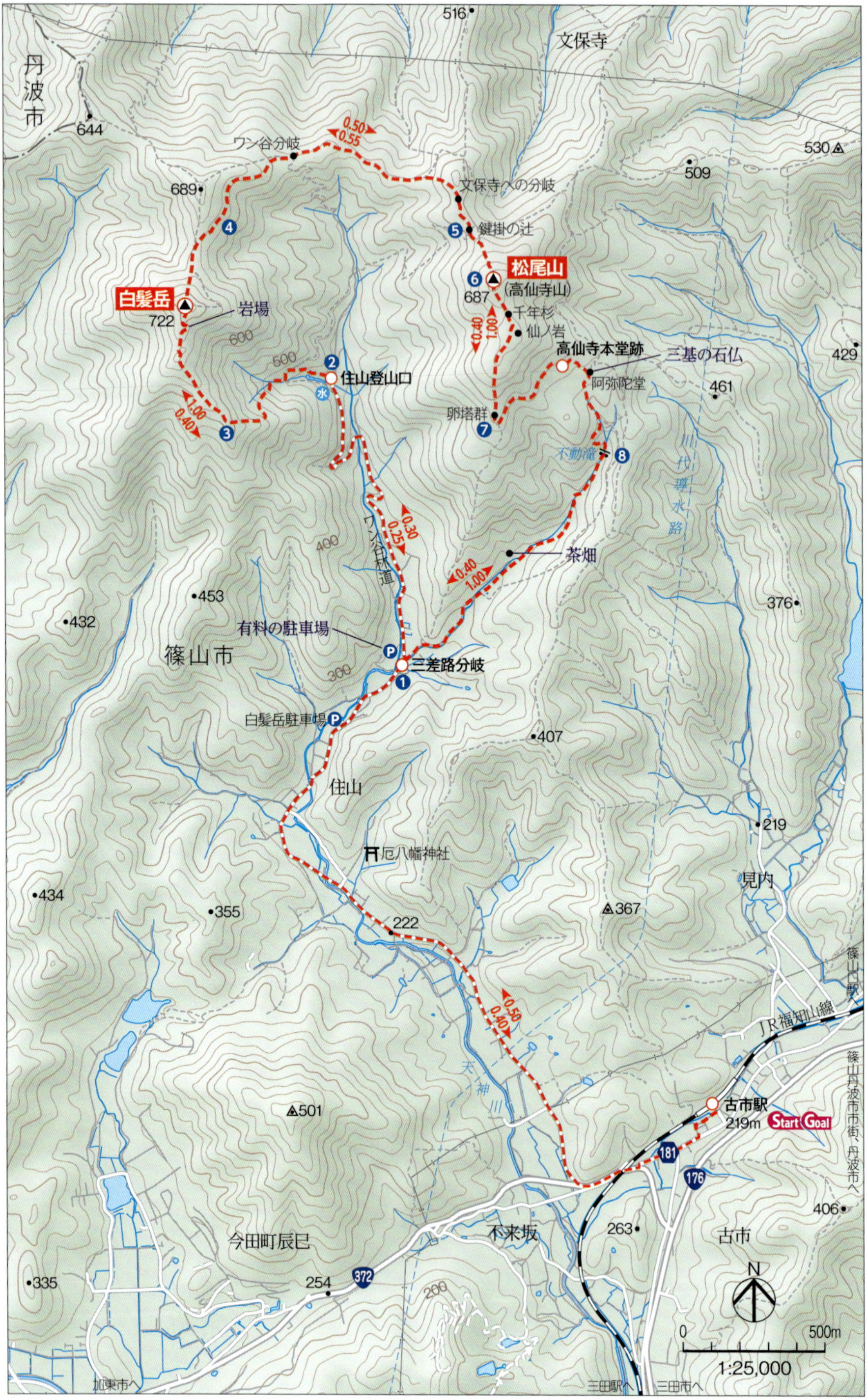

丹波市
644
ワン谷分岐
0.50
0.55
516
文保寺
530
509
689
文保寺への分岐
4
5
鍵掛の辻
松尾山
6
(高仙寺山)
687
白髪岳
722
岩場
千年杉
0.40
1.00
仙人岩
600
高仙寺本堂跡
三基の石仏
429
500
2
住山登山口
阿弥陀堂
461
水
1.00
0.40
3
卵塔群
7
不動滝
8
川代導水路
0.30
0.25
ワン谷林道
400
茶畑
0.40
1.00
453
432
376
有料の駐車場
篠山市
P
三差路分岐
1
300
白髪岳駐車場
407
住山
219
厄八幡神社
見内
434
355
367
222
篠山口駅へ
0.50
0.40
JR福知山線
篠山丹波市市街、丹波市へ
天神川
古市駅
219m
Start
Goal
501
181
176
406
263
今田町辰巳
不来坂
古市
335
254
372
200
N
0
500m
1:25,000
加東市へ
三田駅へ
三田市へ

2

虚空蔵山

丹波立杭の里の風情を楽しむ

こくぞうやま 592m

日帰り

歩行時間＝2時間15分
歩行距離＝4・9km

技術度 ■□□□□
体力度 ■□□□□

コース定数	＝10
標高差	＝412m
累積標高差	↗ 440m ↘ 427m

↑立杭の里から見上げる虚空蔵山

←大きな堂宇の虚空蔵堂は聖徳太子の開基という伝説がある

虚空蔵山は鉄道から行ける丹波《たんば》の山としてハイカーに人気の山だ。展望もよいし、なにより下山先（逆コースにすれば登山口）が日本六古窯のひとつである丹波焼の里、立杭《たちくい》であるところが魅力だ。

藍本駅《あいもと》を出て線路沿いを南下する。祭神のスサノオノミコトが酒の湧く泉を告げた場所に建てたという酒滴《さかたれ》神社をすぎ、郵便局の次の角を登山口の道標にしたがって右折する。道なりに進んで池の横を通り、舞鶴若狭《まいづるわかさ》自動車道の高架をくぐって少し南へ戻ると**登山口**がある。

しばらく荒れた谷沿いを登るが、やがて谷を離れて登っていくと階段が現れ、**虚空蔵堂**に着く。聖徳太子の開基伝説がある古寺である。登山道は本堂の裏に続き、役行者像を見ると尾根に出て陶《すえ》の郷《さと》分岐に着く。右にとり、尾根道を行くと丹波岩《たんばいわ》があり、西側の展望が開ける。ここは磐座《いわくら》として信仰の対象であった

■鉄道・バス
往路＝JR福知山線藍本駅が起点駅。復路＝陶の郷前からウイング神姫バス16分でJR福知山線相野駅へ。

■マイカー
舞鶴若狭自動車道三田西ICを出て県道141号、県道292号経由で陶の郷駐車場（無料）へ。約8㌔、15分。その場合、山頂往復となる。

■登山適期
通年登れる。紅葉は11月中旬〜下旬。

■アドバイス
▽立杭陶の郷では作家による普段使いの焼き物が手に入る。資料館もある。火曜休（祝日は営業）、要入場料。☎079・597・2034。

■問合せ先
篠山市商工観光課☎079・552・6907、ウイング神姫篠山営業所☎079・552・1157

■2万5000分ノ1地形図
藍本

展望抜群の丹波岩。南の展望が開けている

CHECK POINT

1 無人駅の藍本駅が出発点。周辺の案内板がある

2 酒滴神社にはスサノオノミコトにまつわる伝説がある

3 広い農道を虚空蔵山方面に向かって歩いていく

4 舞鶴若狭自動車道をくぐってたどり着く登山口

5 古びた石段と灯籠が現れると虚空蔵堂はすぐ

6 主稜線に上がる途中には役行者像が鎮座している

7 主尾根に登り着いたところにある陶の郷方面への道標

8 虚空蔵山山頂は展望板こそあるものの展望はよくない

9 陶の郷分岐から下りきった鞍部には道標が立ち迷わない

ともいう。**虚空蔵山**山頂はそのすぐ北だ。展望板があるものの、丹波岩の方が風景は優れているので休憩は丹波岩がよい。

下山は陶の郷分岐に戻り、尾根を直進する。鞍部まで下ったら右折して下っていくと、陶の郷の横を通る舗装路に下り立つ。陶芸の総合施設・立杭陶の郷はぜひ立ち寄りたい（要入場料）。また、バスまでの時間が許すようなら、四斗《しと》谷川《だにがわ》をはさんだ立杭の里に足をのばそう。国内最大という大アベマキや、登り窯、建ち並ぶ窯元など、丹波の焼き物の里の風情がたっぷり楽しめる。

丹波立杭陶の郷に下り着く

北方から特徴ある三尾山を見る

23 三尾山

歩きごたえのある丹波富士の縦走路

みつおやま
586m

日帰り

歩行時間＝3時間40分
歩行距離＝6・4km

技術度
体力度

コース定数＝15
標高差＝464m
累積標高差 ↗631m ↘631m

中三尾の登りから岩峰の前三尾を見下ろす

三尾山は「丹波富士」ともよばれるが、西から見ると、頂上部は大きく3つに分かれている。北から前《まえ》三尾（東峰）、中《なか》三尾（西峰）、三尾山（本峰）だ。前三尾は岩壁をまとい、三尾山から東へのびる尾根も岩稜で歩きごたえがある。

山頂部には戦国時代に赤井氏の城が築かれていたが、明智光秀の軍勢の元に陥落したという。

北麓にバス停はあるが、時間帯が登山に適さない。マイカー利用で**中山《なかやま》公民館**の広い駐車場に駐車し、山の手に向かい出発。ゲートを通り、若狭舞鶴《わかさまいづる》自動車道をくぐるとしばらくして林道が終わり**登山口**となる。

流れに沿って進むと、前三尾の岩場直下に「山岳訓練場」と書かれた看板と休憩小屋がある。少し上にも小屋があり、その手前で右の谷へ進む。

植林帯が終わると、やがてジグザグの急登となり、前三尾と中三尾の**鞍部**に着く。展望のよい**前三尾**へは右に5分ほど。途中の石仏は「やれやれ地蔵」と名づけられ

■**鉄道・バス**
往路・復路＝近くに三尾登山口バス停があるが、登山に利用できるバスはない。

■**マイカー**
舞鶴若狭自動車道春日ICを出て国道175号を西へ、すぐに左折して県道69号を南下する。道なりに進み、「中山公民館」の案内のある交差点を右折して中山公民館へ。約6キロ、10分。

■**登山適期**
4月中旬には岩稜にヒカゲツツジが咲く。紅葉は11月中旬～下旬。冬は積雪があることも。軽アイゼンを用意しておきたい。

■**アドバイス**
▽東尾根のアップダウンは足もとに注意。
▽西麓に国領温泉助七（☎0795・75・0010）があり、日帰り利用できる。不定休。
▽麓の東中は丹波大納言小豆発祥の地。あずき工房やなぎた☎0795・75・1249では、おはぎや汁粉が味わえる。ランチもあるが要予約。土・日曜、月曜の営業。

■**問合せ先**
観光情報センター丹波ええとこナビ☎0795・70・3501

■**2万5000分ノ1地形図**
宮田

ているが、弘法大師像だろう。**鞍部**に戻り本峰に向かうと、すぐに中三尾方面とその迂回路の分岐がある。中三尾は無理に行く必要はないが、前三尾の尖った姿が望める。山名板のない中三尾山頂を越えていくと迂回路に合流する。中三尾や本峰の斜面では郭《くるわ》と思しき段差に注目しよう。登っていくと360度の展望が広がる**三尾山**山頂だ。北東には丹波の名峰・御岳《みたけ》、南には黒頭峰《くろずぼ》と夏栗山《なつぐりやま》が横たわる。

下山はそのまま東へ。佐仲《さなか》峠分岐上のピークからは急な岩場を下るので要注意。しばらくは露岩の目立つやせ尾根が続く。尾根上には、覗岩《のぞきいわ》をはじめ、前三尾の岩壁を望む場所が2、3箇所ある。

やがてゆったりとした広い尾根に変わるが、やや荒れ気味で倒木もある。南へ90度方向転換する場所は要注意だ。次のピークは直登できるが、西側を巻く道をとった方が楽だ。すぐに左上する道と右に下る道に分かれるが左をとる。ピークを越え下っていくと、**鏡峠**《かがみ》に着く。

鏡峠からは左に下る。古い峠道のようだが、足場が緩くなっている箇所もある。林道終点からは広くなった道を下る。中山新池横の**ゲート**を出て、道なりに進むと**中山公民館**近くまで導かれる。

CHECK POINT

スタートの中山公民館から前三尾がよく見える

林道は登山口から植林帯の登山道へと変化する

前三尾からは春日町の街並みが一望できる

いかにも山城があったという地形をした三尾山山頂

覗岩から前三尾の荒々しい岩肌がよく見える

いかにも古い峠道といった風情が漂っている鏡峠

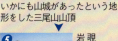

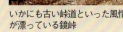

24 小野アルプス

おのあるぷす
199m（惣山）

小さなピークを小刻みにつなぐ縦走路

日帰り

歩行時間＝4時間36分
歩行距離＝11・6km

技術度 2/5
体力度 2/5

コース定数	＝21
標高差	＝173m
累積標高差	↗869m ↘871m

小野《おの》市にある小野アルプスは、縦走路を端から端まで歩くと無名峰を含め12山の頂上をいっきに踏める。12とはいえ、最高峰の惣山《そうやま》でさえ199メートルで、麓から15分で登ることができるほど。しかし、アップダウンを繰り返していくとなかなか登りごたえがある。縦走路中で白眉といえるのは、なんといっても紅山《べにやま》の岩稜だ。

←展望岩（小野見山）から紅山の岩稜を見る

←きすみ見晴らしの森と、「小野富士」とよばれる最高峰の惣山

JR小野町駅を出て踏切を渡り川沿いに右へ、なかよし橋を渡り、2つ目の角を左折して鴨池《かも》に向かう。途中に近畿自然歩道道標があるが、それにしたがうより直進したほうが早い。紅山登山口道標を見送り、**鴨池**に突き当たったら左へ、田園風景の中を歩いていくと西コース入口の**福甸峠**《ふくでん》に着く。

ここからいっきに登り、宮山《みややま》、**岩山**《いわやま》と越えていく。

紅山からの岩稜下りはその縁に立ってみると角度がかなり立っているので怖く思えるが、慎重にたどれば無難に下れる。岩倉峠《いわくら》に下り立ち、左に少し進んで南側から惣山にアプローチ。**惣山**頂上の北に**展望デッキ**への道があるので、ぜひ足をのばそう。デッキ手前に岩場があり、展望は抜群。先ほど登った紅山の岩稜も一望でき、これから進むアンテナ山や総山などが一望できる。

縦走路はアンテナ山、**総山**《そうやま》を経て**アザメ峠**に下る。道路に出たら北に少し下り、地蔵を見るとすぐに東コースの入口がある。西コースと比べ緩やかで、里山的な雰囲気が漂う縦走路を、安場山《やすばやま》など3つの頂を越え、ベンチがあるNHK中継所のある**前山**《まえやま》に出る。管理道右手に「白雲谷《はくうんだに》温泉ゆぴか」を示す道標があるので、登山道をたどっていくと、右から採石場の音が聞こえ、ゆぴかに下る遊歩道と合流する。

ゆぴかからはバス道に下って**市《いち》場《ば》駅**を目指していく。

■鉄道・バス
往路＝JR加古川線小野町駅が起点駅。

CHECK POINT

スタートの小野町駅には食事処「ぷらっときすみの」がある

鴨池（男池）は貸しボートも浮かぶ憩いの場で、周遊路もある

福甸峠の登山口。峠までの車道は歩道がないので気をつけよう

最高峰の惣山の山頂。ここからいったん展望デッキ方面へ

アザメ（莇）峠の東コースの入口。近くには峠の地蔵もある

下山先は日帰り温泉施設の白雲谷温泉ゆぴかなのがうれしい

復路＝JR加古川線市場駅から帰途につく。

■マイカー
山陽自動車道三木小野ICから国道175号を北へ。県道23号、349号経由で白雲谷温泉ゆぴか駐車場（無料）へ。約5キロ、10分。または鴨池の駐車場（無料）へ。約10キロ、15分。きすみ見晴らしの森にも駐車場があるが、小野市としては特に案内していないようだ。

■登山適期
通年だが真夏は暑い。新緑は4月下旬から5月中旬、紅葉は11月下旬から12月上旬。

■アドバイス
▽紅山の下りは急なので、雨天なら山頂から北の道をたどって展望デッキ経由で惣山に登った方が無難。岩質はすべりにくく、適度に足場もあるが、ちょうど中間あたりが平らで足をおける場所がない。積極的に手を支えにしよう。
▽白雲谷温泉ゆぴかは露天風呂はもちろん、岩盤浴、リラクゼーション、エステもある総合温泉施設。敷地内には無料の足湯も。第2火曜、年末年始休。☎0794・70・0261。

■問合せ先
小野市観光協会☎0794・63・1929

■2万5000分ノ1地形図
社・三木

25

島浮かぶ平荘湖をめぐる山々を結んで歩く

飯盛山

いいもりやま
216m

日帰り

歩行時間＝5時間30分
歩行距離＝15・6km

技術度

体力度

コース定数	＝22
標高差	＝211m
累積標高差	↗682m ↘682m

加古川《かこがわ》市北部にある平荘湖《へいそうこ》は、人造湖ながら、島が浮かび独特の風情がある。その周辺を標高200メートル前後の山々が囲んでいる。最高峰の飯盛山で216メートル。とはいえ、一周するとアップダウンが多く、なかなか登りごたえのあるコース取りになる。

↑洞貝山から飯盛山（左のピーク）に向けて縦走する

←一ツ山から平荘湖を見下ろしながら下っていく

　最寄りはJR加古川線日岡《ひおか》駅だが、本数が少ないので、加古川駅から歩くとよい。**加古川駅**から県道18号に出て北東に歩く。中津北《なかつきた》交差点を左に折れ、突き当たりの加古川を青い水管橋で渡る。渡りきって右、左手に妙願寺《みょうがんじ》の看板を見る。近くに鳥居があり、そこが**升田山《ますだやま》の登山口**だ。

　登りはじめるとすぐに祠があり、そのうしろに岩盤が続く。岩盤を登りきり、しばらく進むと**升田山**山頂だ。ここで90度左折して岩場を下り、尾根上を行く。古墳が点在するようだが、顕著にそれとわかるようなものはない。

　最後に急坂を下ると平荘湖の周遊路に出る。そのまま北へたどると、ウェルネスパークの入口に**黒《くろ》岩山《いわやま》への登山口**がある。ここから岩混じりの尾根を登る。黒岩山山頂は登山道から少し左にはずれたところになる。

　登山道に戻って少し下り、登り返して送電線鉄塔のあるピーク手

■鉄道・バス
往路・復路＝JR山陽本線加古川駅が起・終点駅。

■マイカー
山陽自動道加古川北ICから県道43号を南下、東神吉交差点を左折してウェルネスパーク加古川の駐車場（無料）へ。約8キロ、15分。

■登山適期
通年だが、低山であり、樹林も少ないので真夏はかなり暑い。

■アドバイス
▽時間帯が合えば日岡駅を利用すればよい。また、最寄りバス停として加古川駅発の池尻ダム口バス停がある。
▽コース全体に分岐が多いが、道標が多いので目的地を明確に意識しておけば迷わない。

■問合せ先
加古川市観光振興課☎079・424・2190

■2万5000分ノ1地形図
加古川

前ですぐに左折して下る。やや道が悪いが、**地知行《じちが》池**のほとりに出るので、堤防を渡りきり、池に沿うように右へ。そのまま進むと加古川市立少年自然の家のフェンスがあり、その脇から入れるが、自然の家は立ち入り禁止なので、その手前の左に分岐する道に入る。

やぶ漕ぎが混じるが、登り続けるとアドベンチャーコースに出合うので、登ると主尾根に出る。

尾根を右に行けば**洞貝山《ほらがいやま》**だが、山頂ははっきりしない。あずまやを経て下り、今度は飯盛山への登りに取り付く。ここでも岩盤を登る箇所があり、**分岐**を左に行けば、電波塔のある**飯盛山**山頂だ。

続いて南にある相ノ山《あいやま》へ向かう。相ノ山から一ツ山《ひとやま》方面に向かうと、平荘湖の絶景が楽しめる。下りきると**周遊路**に出て、時計回りに歩き、弁財天手前で左に下れば、往路の水管橋に通じる道路に出る。

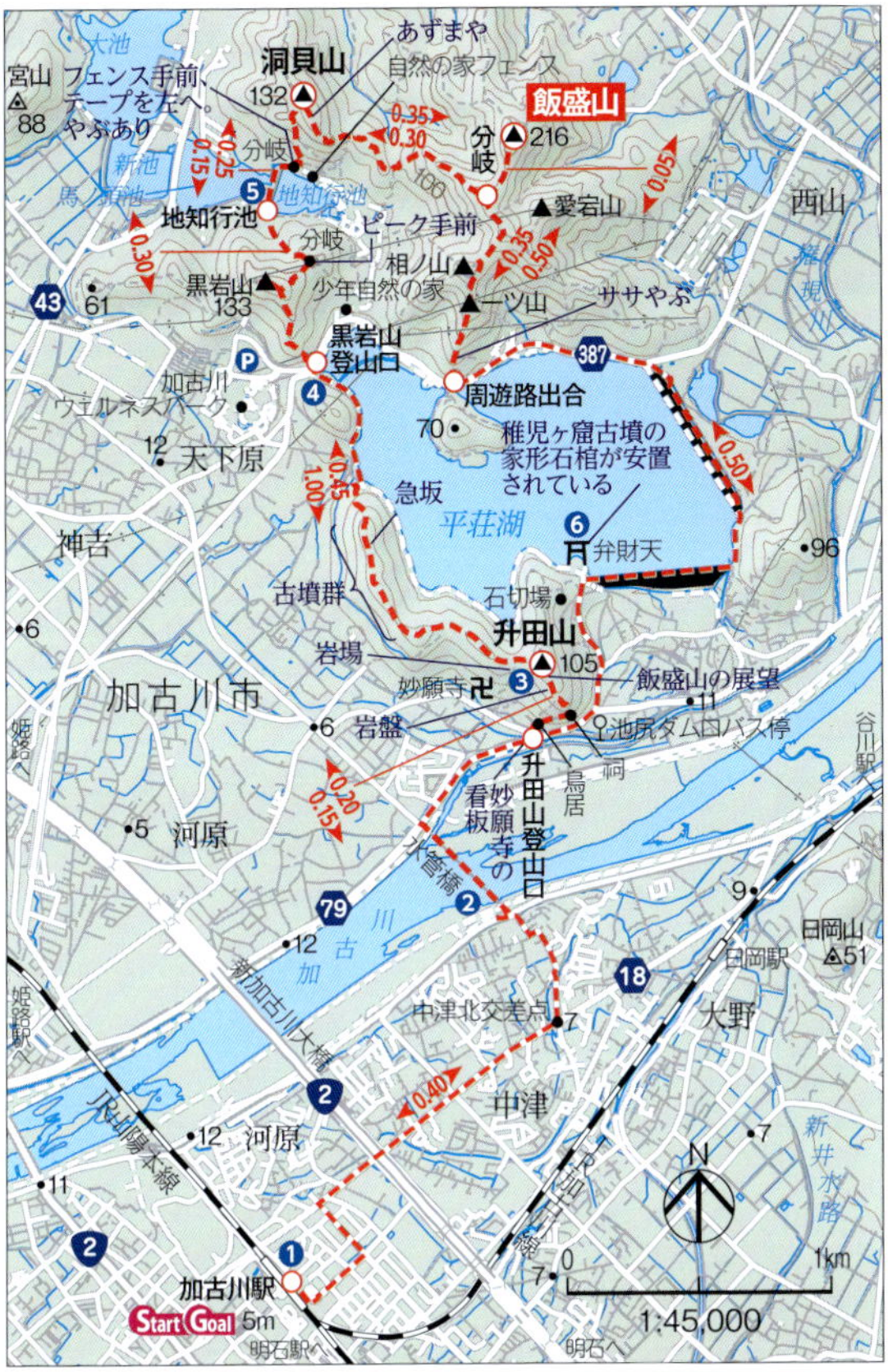

CHECK POINT

1 スタートはターミナル駅である加古川駅

2 歩行者専用の青い水管橋で加古川を渡る

3 升田山の山頂。この北に展望のよいところがある

4 平荘湖まで下ってひと息つく。冬はカモ類が飛来する

5 地知行池の堤を通って洞貝山に取り付く

6 升田山の北の弁財天の前に、石棺が置かれている

26

魅惑の山並み、播磨アルプスを堪能する

高御位山・桶居山

たかみくらやま　304m
おけいやま（おけすけやま）　247m

日帰り

歩行時間＝5時間40分
歩行距離＝12・7㎞

技術度 ■■□□□
体力度 ■■□□□

コース定数＝26

標高差＝289m

累積標高差 ↗1095m ↘1102m

↑反射板のあるピークから鷹ノ巣山（左）と高御位山（右奥）を望む

←百間岩の登りは高御位山登山の醍醐味のひとつ

高砂《たかさご》市と姫路《ひめじ》市の境にある高御位山山塊は、「播磨《はりま》アルプス」ともよばれ、標高こそ低いが、その俗称に恥じない岩稜と展望が楽しめる山々だ。人気の山塊だけにコース数は豊富。ここでは曽根《そね》駅を起点として、馬蹄形をなす西の尾根の縦走路を歩いて主峰の高御位山を訪ね、西にあるピラミダルな山容の桶居山に足をのばしてみたい。

JR曽根駅から北へ、大日《だいにち》池の横を通って国道を横断すると、**豆《まめ》崎《さき》登山口**がある。ひと登りで石室が口を開けた経塚山《きょうづかやま》古墳に出合う。登るにつれ展望が開けて爽快だ。三角点のある**大平山《おおひらやま》（豆崎奥山《まめさきおくやま》）**を越え、地徳山《じとくさん》をすぎると、正面に巨大な岩盤の百間岩《ひゃっけんいわ》がそそり立つ。

いったん大下りして**展望台**を経て百間岩に取り付く。決まったルートはないので登りやすいところを登ればよい。登りきって反射板の建つピークを越えて鷹《たか》ノ巣山《すやま》へ。昔は東鷹ノ巣山、鷹ノ巣山と区別されていたが、現在はまとめて「鷹ノ巣山」とよんでいるようだ。ここから少し下ると、左に**桶居山への分岐**がある。

ここはいったん見送って直進し、

■鉄道・バス
往路＝JR山陽本線曽根駅が起点駅。帰路＝JR山陽本線ひめじ別所駅から帰途につく。

■マイカー
第二神明道路から加古川バイパスに入り高砂北ランプを出て国道2号経由、阿弥陀交差点を右折して鹿嶋神社駐車場（無料）へ。

■登山適期
通年だが、日影がないので真夏は避けた方が無難。

■アドバイス
▽短めに縦走を楽しむなら、鹿嶋神社を起点にして百間岩に登り、高御位山から南へ向かって鉄塔のあるピークから北山鹿島神社へ下るルートがおすすめ。
▽桶居山に行かずに、高御位山から南へ進んで北山鹿島登山口まで歩くと、馬蹄形を一周できる。
▽鹿嶋神社は地元では一願成就の神社として知られる。参道で売られる名物の柏餅はおすすめ。

■問合せ先
高砂市観光交流ビューロー☎079・441・8076

■2万5000分ノ1地形図
加古川

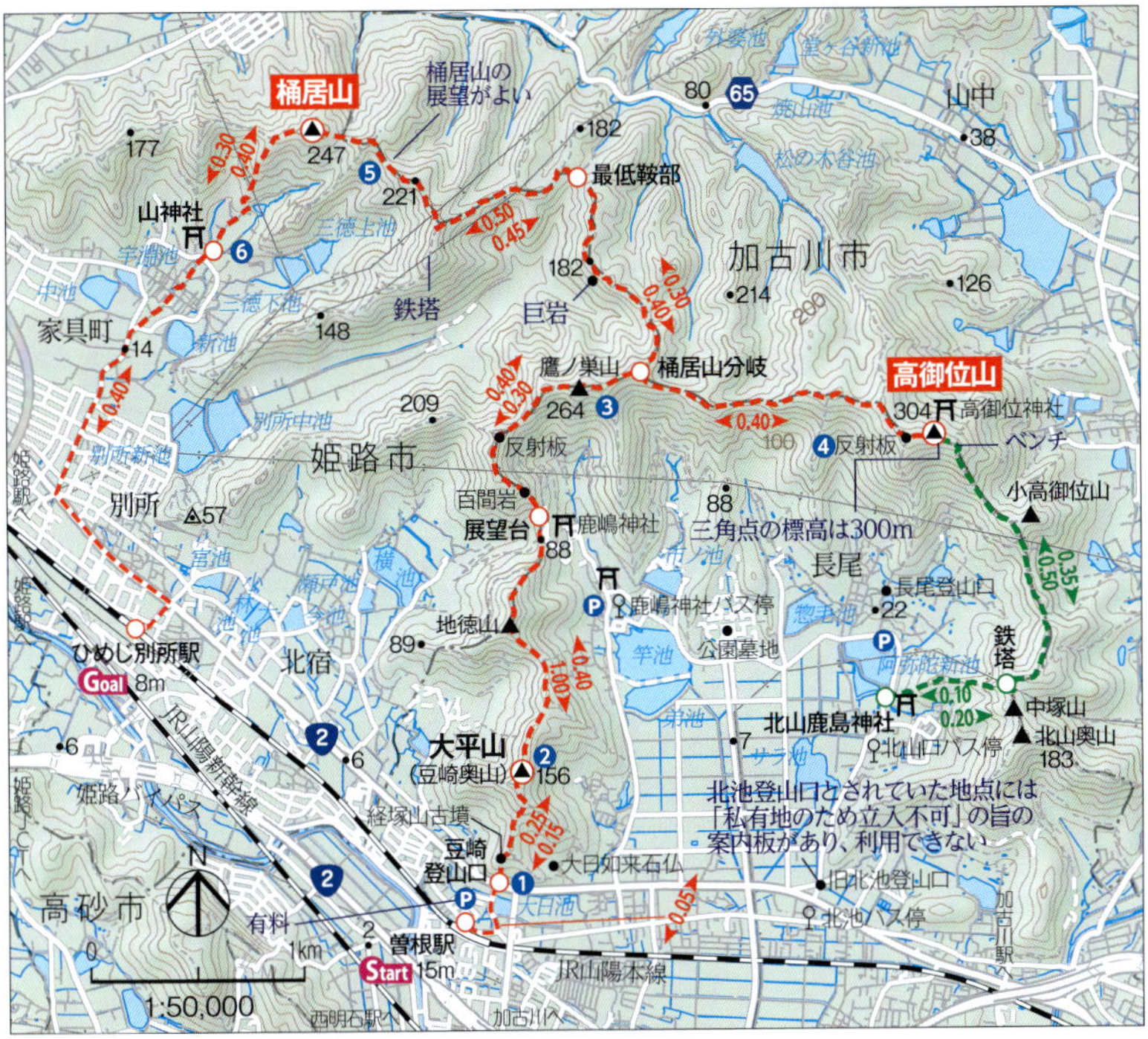

高御位山を目指す。展望の尾根をアップダウンしながら進む。反射板と展望図のあるピークの先が高御位神社の建つ**高御位山**山頂だ。三角点は神社脇にある。標高300㍍だが、横の大岩が高いので、標高は304㍍とされている。

山行の後半は桶居山へ。**分岐**まで戻り北へ向かう。巨岩が張り出すピークを越え、ザレの足もとに注意しながら**最低鞍部**に下り、登り返していく。鉄塔の建つピークの北側を巻いて再び尾根に出ると、正面に姿のいい桶居山が見える。桶居山の登りは急だが、標高が低いだけに短い。

桶居山を越えてもみごとな岩稜が続く。末端までたどってもいいし、2つ目のピークからも下れるが、ここではひとつ目のピークから下ろう。足もとがややザレているので注意したい。下りきると集落に出て、しばらくで**山神社**がある。この背後の尾根の岩場はクライミングゲレンデとしても有名だ。

集落内を直進するように抜け、国道に出たら左折して**ひめじ別所**《べっしょ》**駅**を目指す。

CHECK POINT

1 新しく国道に面するところに設けられた豆崎登山口

2 三角点の埋まる大平山から高御位山を見る

3 鷹ノ巣山の山頂部。三角点の少し東あたりの道標

4 反射板のあるピークには展望板がある。高御位山山頂はすぐ

5 登高欲をそそる桶居山が見えてくる

6 クライミングゲレンデ入口の山神社に下ってくる

バイパスを越えて小富士山へ。左が仁寿山

27

姫路市郊外のかわいらしい富士山に登る

小富士山

こふじやま

173m（最高地点＝175m／仁寿山）

日帰り

歩行時間＝3時間35分
歩行距離＝9・3km

技術度
体力度

コース定数＝15

標高差＝167m

累積標高差 ↗532m ↘531m

姫路《ひめじ》市の南、地形図に「小富士山」と記される小さな山がある。本来は「麻生山《あそうやま》」とよばれていた山だ。たしかに富士型をしているが、そのすぐ隣には仁寿山《じんじゅさん》がそびえている。南にある灘《なだ》のけんか祭りゆかりの御旅山《おたびやま》と併せて登ってみよう。

小富士山の登りで振り返ると高御位山が見える

山陽白浜《さんようしらはま》の宮《みや》駅を出てまずは南にある松原《まつばら》八幡神社を訪ねてから、駅手前の右手の路地に入り、広い道路に出たところで北へ向かう。踏切を越えていくと、正面に小富士山が姿を現す。突き当たりを左に進み、「仁寿山校跡」の看板がある角を右、小富士山の麓で

■鉄道・バス
往路＝山陽電鉄本線白浜の宮駅が起点。
復路＝山陽電鉄本線妻鹿駅から帰途につく。
■マイカー
第二神明道路から加古川バイパスを経由、姫路東ランプを出て、白浜の宮駅へ。コインパーキングに停める。約4キロ、10分。
■登山適期
通年登れるが、低山だけに夏はおすすめできない。
■アドバイス
▽小富士山と仁寿山の下りは急坂で岩場が混じる。足もとに気をつけよう。
▽松原八幡神社は天平時代創建とされる古社。秋季例祭は「灘のけんか祭り」として知られる。神輿は街中や本宮、海などを練り歩くが、最後に向かうのが御旅山。
■問合せ先
姫路市観光コンベンション室☎079・221・2116
■2万5000分ノ1地形図
姫路南

突き当たりを右に行くと**麻生八幡社**に着く。この神社の奥の登山口から登山道に入り、岩混じりの道をひと登りで華厳寺前に出る。**小富士山**山頂は南にすぐで、播磨灘《はりまなだ》の絶好の展望台だ。

広場と山頂の間にある仁寿山方面への道をシダを分けながら下りきると十字路があり、直進して舗装路を横切り、たどっていくとFM中継所のある**仁寿山**山頂に着く。

下山は、同じく中継アンテナが建つ南のピークに向かい、アンテナ前で右へ。反射板のあるピークをさらに直進し、次のピークで左折し南に方角を変えて下っていく。荒れ気味だった道がよくなると、土塀に囲まれた姫路藩家老の**河合家の墓所**がある。ここからは遊歩道のような道になり、下っていくと集落に出る。左にとり姫路バイパスにぶつかったところで左折してバイパスをくぐる。県道を直進し、左に野菜の無人販売所を見たら次の角を右折する。広い道路に出たらまた右折して「妻鹿《めが》方面」の標識にしたがい左折する。やがて左手の法面に**御旅山への登山口**が現れる。

あずまやのある**御旅山**山頂から尾根通しに**松原八幡宮**へ。国道手前の階段を下り、右折して道なりに市川沿いまで歩けば**山陽妻鹿駅**にたどり着く。

CHECK POINT

1 山陽電鉄の白浜の宮駅からアプローチできる

2 いったん駅南の灘のけんか祭りで知られる松原八幡神社へ

3 南麓にたたずむ麻生八幡社の奥に登山口がある

4 山頂の広場にある無人の華厳寺。前には石碑が並ぶ

5 御旅山の取り付き。道標を確認して登っていこう

6 市川沿いにあるゴール地点の妻鹿駅へ

28

善防山・笠松山

加西アルプスで手軽にダイナミックな景観を楽しむ

ぜんぼうやま　251m
かさまつやま　244m

日帰り

歩行時間＝2時間30分
歩行距離＝7・1km

技術度 ２／５
体力度 １／５

コース定数	＝11
標高差	＝203m
累積標高差	↗448m　↘448m

笠松山周辺は加西アルプスらしい風景

吊橋の先に鎖場がある

磨崖仏が刻まれる岩

加西《かさい》市にある善防山と笠松山は、古くは山岳霊場であった古法《ふるぼっ》華《け》自然公園にあり、その岩混じりのダイナミックな山容から「加西アルプス」ともよばれている。とはいえ、標高はいずれも250㍍前後と、手軽にそのアルペン的な風景の中に身を置くことができる。

こぢんまりとした北条《ほうじょう》鉄道の**播磨下里駅**《はりましもさと》を出て、県道に出たら南下、墓地横の道に入り、突き当たりを右折して**善防公民館**へ。ここには駐車場とトイレがある。

善防山への登山道はいくつかあるが、公民館前の大手門登山口から登るのが山頂への最短コースだ。すぐに裸地につけられた道になるが、樹林に入り、いっきに高度を上げていく。「一」「二」という漢数字を書いたプレートが木に下がっており、「五」に来ると波打つ山並みに笠松山が頂をとがらせている姿が目に入る。あとひと登りすれば、**善防山**山頂に着く。山頂は城跡になっていて、近年樹林

■鉄道・バス
往路・復路＝北条鉄道播磨下里駅が起・終点駅。

■マイカー
中国自動車道加西ICから県道24号を南下、県道716号に入り、野田池手前で道なりに右折、県道43号に出たら左折し、王子町交差点で右折して善防公民館駐車場（無料）へ。約6㌔、10分。

■登山適期
新緑はコバノミツバツツジが咲く4月中旬～5月上旬ごろ、紅葉は11月中旬～下旬。冬は特に積雪はない。

■アドバイス
▽鎖場が随所にあるが、使わなければならない場所は特にない。
▽周辺は古法華自然公園☎079・431・8182（清光社）として整備されている。キャンプ場、バーベキュー、石彫アトリエ館利用（石彫体験）は要予約。また、古法華石仏見学も1週間前に予約が必要。

■問合せ先
加西市観光案内所☎0790・42・8823

■2万5000分ノ1地形図
笠松

が伐り払われて抜群の展望が広がっている。

　山頂からは笠松山方面へ。灌木帯で展望のいい尾根を下っていくと**吊橋**に着く。橋を渡ると鎖場があるが、鎖に頼らなくても登れる。小ピークに登ると正面の岩壁に仏像が刻まれているのが見える。岩尾根を快適にたどっていくと、正面に幅の広い岩盤が現れる。登りやすいところを登り、樹林に入る。樹林を抜けると古法華寺（石彫アトリエ館）への分岐がある。ひとまず直進して鎖場をこなすと、展望台のある**笠松山**山頂だ。

　下山は、分岐まで戻り古法華寺方面へ。下りきると、磨崖仏が収めてあるお堂と古法華寺のお堂がある。その先の緩やかな坂を下って右へ。道なりに軽く登って**吊橋**をくぐり、道路を下っていく。突き当たって右へ行くと**善防公民館**へと戻ってくる。

CHECK POINT

1 播磨下里駅は風情たっぷりの地方鉄道、北条鉄道の駅だ

2 公民館前にある大手門登山口から善防山に取り付く

3 播磨の盆地を一望する善防山山頂。赤松氏の善防師城があった

4 吊橋を渡って笠松山へ向かう。帰りにこの真下を通る

5 最後の急登をこなして展望台が設置されている笠松山の山頂へ

6 笠松山から下って古法華寺へ。その横には磨崖仏のお堂がある

29

書写山

「西の比叡山」といわれる聖山を訪ねて

しょしゃざん
371m

日帰り

歩行時間＝2時間25分
歩行距離＝6・3㎞

技術度

体力度

コース定数＝**11**

標高差＝336m

累積標高差 430m 425m

姫路《ひめじ》市郊外の書写山山上には、西国札所の古刹、圓教寺《えんぎょうじ》がある。山上全体に堂宇が建ち並び、「西の比叡山」とよばれるのもうなずける。山上へは6本の参道が通じていて、ここでは表参道にあたる東《ひがし》坂《ざか》を登り、渓谷沿いの刀出《かたなで》坂《ざか》を下る道を紹介しよう。

↑岩が露出する東坂を登る。参拝道のわりに登山らしい道

←三つの堂。映画「ラストサムライ」のロケにも使われた

スタートは書写山ロープウェイの**書写駅**から。山陽自動車道の高架に沿って山裾まで歩き、南へ。右に東坂露天満宮《ひがしざかつゆのてんまんぐう》を見て次の角を右折すると八王子《はちおうじ》神社に突き当たる。右折すると獣除けのネットが張られた**東坂登山口**だ。

坂を登ると善意の杖が置かれていて、本格的な登山道となる。つづら折りを登るとやがて岩が露出する道になり、直登気味に登っていく。参道とはいえ、なかなか爽快な道だ。登りつめると展望のいいあずまやがある紫雲堂《しうんどう》跡に出る。平坦になった道を進むとロープウェイの山上駅だ。その先に志納金を払う圓教寺の**受付**がある。

西国霊場の観音像が並ぶ参道の先で仁王門をくぐると、あたりは大木に囲まれた神妙な雰囲気に包まれる。進んでいくと舞台造りの**摩尼殿**《まにでん》がある。続いて本堂にあたる大講堂、写経ができる食堂、修行のための常行堂がコの字型に集まる通称「三つの堂」へ。その右横からのびる道を登ると、**書写山**山頂である白山権現《はくさんごんげん》に行くことが

■鉄道・バス
往路＝JR山陽本線姫路駅から神姫バス29分で書写山ロープウェイへ。復路＝刀出バス停から神姫バス32分で姫路駅へ。

■マイカー
中国自動車道夢前スマートICから県道67号を南へ。書写山ロープウェイ前の無料駐車場へ。約12㌔、20分。

■登山適期
通年登られている。

■アドバイス
▽圓教寺は要志納金。座禅や写経体験もできる（有料）。
▽開山堂の軒下の四隅は左甚五郎作と伝わる力士像が支えているが、そのうちのひとつがあまりの重さに逃げ出したという伝説がある。

■問合せ先
姫路市観光コンベンション室☎079・221・2116、神姫バス姫路営業所☎079・288・1744

■2万5000分ノ1地形図
姫路北部

舞台造の摩尼殿

できる。

三つの堂に戻り、展望公園を経て**開山堂**《かいざんどう》へ。ここは、康保３（９６６）年、書写山を開山した性空上人を祀る場所で、圓教寺の奥の院である。

刀出坂の下山口は、開山堂手前にある。道は渓谷沿いに続き、左岸から右岸へ、下るにつれて穏やかだった流れに小滝も見られるようになる。再び左岸に渡ると、やがて流れから離れて、登山口に出る。太陽光発電を横目に進み、突き当たりを左折して直進してバス道へ。江戸時代の倉庫である固寧倉《こねいそう》の建つ角を右へ行くと**刀出バス停**がある。

CHECK POINT

1 スタートの書写山ロープウェイバス停。駐車場もある

2 八王子神社は書写山開山の性空上人が勧請した古社

3 登山口から登っていくと善意の杖が置かれている

4 東坂を登りつめるとロープウェイ駅の前に着く

5 書写山の頂上には白山権現の社殿が建っている

6 展望公園からは姫路の市街を一望することができる

7 渓谷沿いの刀出坂には小さな滝もあり気持ちがいい

8 固寧倉の立つ角を左に行くと刀出バス停に

30

姫路市郊外の信仰の山と岩と
とんがり山

とんがりやま
257m

日帰り

歩行時間＝3時間
歩行距離＝8・2km

技術度
体力度

コース定数＝13
標高差＝235m
累積標高差 450m 450m

山頂を尖らせるとんがり山を正面に川沿いを行く

姫路《ひめじ》市郊外に、「とんがり山」というユニークな名をもった山がある。由来書きによれば、「風早峰《かぜはやみね》」ともいい、懐に「亀岩《かめいわ》」とよばれる崇神天皇にまつわる伝説をもつ岩がある。別名「神岩《かみいわ》」ともいうらしい。また、その北東に位置する峰相山《みねあいやま》には、山頂付近に、ようやく日本に仏教が伝来した時代、神功天皇が新羅から連れ帰った王子が草庵を結んだことが起源という鶏足寺《けいそくじ》跡がある。

JR太市《おおいち》駅を出て直進し、郵便局のある角を右折して、川を渡って川沿いを北へ。正面にとんがり山が印象的な姿でそびえている。

広い通りに出たら横断し、斜め右の道に入ると稲荷神社に出合う。そのまま山裾に沿うように北上していくと左手の林道入口に**「峰相山登山口」**の表示があり、入ったところが登山口だ。

登山道を直登していくとすぐに尾根上の**稜線分岐**に着く。右にたどってコブをひとつ越えると正面に亀岩を抱くとんがり山が見える。亀岩の上は展望抜群でひと息つくにはちょうどいい。

大黒岩は展望がよい場所だ

見た目通りのロープをつかむ急坂を登りきると、**とんがり山**山頂に立つ。展望はあるが、亀岩のような広がりはない。

山頂から尾根を直進するとすぐに三角点があり、下りに転じる。

■鉄道・バス
往復＝JR姫新線太市駅が起・終点。

■マイカー
山陽自動車道山陽姫路西ICから国道29号、県道724号経由石倉交差点から北上、峰相の里無料駐車場へ。約5キロ、10分。

■登山適期
通年だが、真夏は暑いのでおすすめしない。

■アドバイス
▽鶏足寺跡周辺は、周遊用テープもつくので道が少しわかりにくい。
▽石倉峰相の里は体験型公園として整備されている。竹炭教室やみつばち研究教室などを開催。バーベキュー場もある。月曜休（祝日の場合翌日）。☎079・269・0999。

■問合せ先
姫路市コンベンション室☎079・221・2116

■2万5000分ノ1地形図
龍野

アップダウンを3回繰り返すと大《だい》黒岩《こくいわ》への分岐となる。**大黒岩**は左にすぐ。

分岐に戻って緩やかに下ると広々とした鶏足寺跡に着く。このあたりは道がはっきりしないが、いちばん高いところを目指すと五輪塔と祠がある。ここから南に下ることもできるが、尾根を東に行くと、登山道のはずれに特徴のない**峰相山**山頂がある。

下山は登山道を南へ。すぐに「峯相観音堂方面」への道標があるので、赤テープを頼りに下っていく。自然林が植林となり、電気柵ゲートを越えると観音堂階段下に着く。観音堂に参り、下っていくと**開山堂**だ。ここから舗装路になるが、すぐに左手にある「下山路」の表示にしたがい、舗装路をはずれると峯相の里内を歩くようになる。峯相上池で舗装路に出ると、あとは南下して、**登山口**に戻ってくる。

CHECK POINT

無人の太市駅に下り立つ。周囲にコンビニなどはない

とんがり山尾根の末端にある稲荷神社。ここからも登れる

峯相の里に向かう途中に峰相山登山口の案内がある

とんがり山山頂。三角点は尾根を進んだところにある

日本最古の寺との説もある広々とした鶏足寺跡

下山地は体験型公園として整備された石倉峯相の里

31 醤油の町の裏山を縦走して城跡へ

新龍アルプス

しんりゅうあるぷす
458m（亀山）

日帰り

歩行時間＝5時間45分
歩行距離＝12・4㎞

技術度
体力度

コース定数	＝**25**
標高差	＝407m
累積標高差	↗1063m ↘1087m

東麓から岩峰の祇園嶽を見上げる

的場山から揖保川を見下ろす

播磨《はりま》にある龍野《たつの》は、醤油の産地として知られ、赤とんぼの作詞家・三木露風を生んだ町でもある。その背後に南北にのびる山並みは、俗に「新龍アルプス」とよばれている。最北にあるのは岩峰の祇園嶽《ぎおんだけ》。南に続く亀山《きのやま》（城《き》の山《やま》）と的場山《まとばやま》はかなり整備されているが、この岩峰はそれほど整備されていない。しかし、ピークとしてはいちばんアルペン的風貌をしており、ぜひ登っておきたい。

スタートは**ＪＲ播磨《はりま》新宮《しんぐう》駅**。駅から南に歩き、国道に出て右、栗《くり》栖《す》川を渡って南進、八角亭《はっかくてい》という食堂のある角を右折して田んぼの間を行く。この道の少し南にお玉の清水という湧き水があり、ポンプで汲みあげることができる。

突き当たりにゲートがあるので開けて入っていく。いったん左に曲がり、橋を渡って草の生い茂る林道に出て右へ山裾に沿って歩こう。やがて左手に祇園嶽への道標が現れる。ここが**水布弥口《みずふねぐち》登山口**。不明瞭な踏跡をたどるとすぐに道ははっきりしてくる。

しばらく登ると尾根の北斜面を歩くようになるが、道が崩れているところもあり、要注意。岩峰が近づいてきて、主稜線上の鞍部に出ると、**祇園嶽**の頂上は右にすぐ。少し先に岩のテラスがある。

鞍部に戻り、尾根を南へたどる。

■鉄道・バス
往路＝ＪＲ姫新線播磨新宮駅が起点駅。
復路＝ＪＲ姫新線本竜野駅から帰途につく。

■マイカー
山陽自動車道龍野ICから県道29号を北へ、国道179号で龍野橋を渡る。武家屋敷資料館近くに市営駐車場（有料）がある。

■登山適期
通年登れる。紅葉は11月下旬。

■アドバイス
▽水布弥口登山口は少しわかりにくいが、道標さえ見つければ問題なく進める。
▽龍野の町は観光施設が多い。観光拠点となる大正ロマン館（月曜休／祝日の場合は翌日、年末年始休）、龍野城、龍野歴史文化資料館（月曜休／祝日の場合は翌日）、うすくち龍野醤油資料館（月曜休／祝日の場合は翌日、年末年始休）などがある。

■問合せ先
たつの市観光振興課☎0791・64・3156

■2万5000分ノ1地形図
龍野

軽くアップダウンをして地図上の377ﾒｰﾄﾙ標高点を越えると蛙岩がある。その先に**亀の池**への分岐があるので立ち寄っていこう。

　元の道に戻り、さらに南へ。「越《こし》部《べ》古道散策マップ」の看板のある展望所をすぎ、**亀山（城の山）**を越える。少し下ったところの平地が山城跡。この先で尾根の幅は狭まり、展望がよくなってミニアルプスらしい快適な尾根歩きとなる。

　目指す的場山は、正面の電波塔の立つピークだ。最後の登りをひと踏ん張り、一度林道に出てすぐにまた登山道に入ってベンチのある**的場山**山頂に着く。

　道標にしたがい下山の途につく。下りきったところに両見坂石灯籠が立つ。右に曲がると龍野の町に出られるが、ここでは直進して**鶏籠山**《けいろうざん》に立ち寄っていこう。山頂は戦国時代に赤松氏の古城があった場所。城址を越えて急坂を下ると、**龍野城**に下り着く。

　あとは醤油蔵などが立ち並ぶ龍野の風情を楽しみながら、**JR本竜野駅**を目指す。

CHECK POINT

1 赤とんぼのマークが目印の姫新線に乗り播磨新宮駅へ

2 祇園嶽取付の水布弥口登山口。アプローチがわかりにくい

3 初夏にはモリアオガエルの卵塊も見られる亀の池

4 古城跡の鶏籠山山頂。赤松氏開城後、福島正則なども城主に

5 鶏籠山城放棄後に本丸がつくられたという龍野城。建物は再建

6 龍野の町を散策したらゴール地点の本竜野駅へ

32

日帰り

天下台山

海を見下ろす霊山はハイキングで人気の山

てんかだいやま
321m

歩行時間＝2時間45分
歩行距離＝9・5km

技術度
体力度

コース定数＝14	
標高差＝308m	
累積標高差	↗571m ↘571m

瀬戸内海を望む天下台山の山頂（現在は山頂の設置物が変わっている）

天下台山は兵庫県西部の港町、相生《あいおい》にある。古くは修験道で栄えた霊山であり、頂上直下の水源池に水戸《みなと》大神《おおかみ》が祀られている。現在は登山道がよく整備されたハイキングの山で、休日には多くのハイカーを迎えている。

トンビ岩。岩上に立つこともできる

起点は**JR相生駅**。駅前から東へ向かい、道なりにカーブして最初の信号で左折する。コンビニが2軒ある交差点を左へ向かい、スーパーで右折して「岩屋谷《いわやだに》公園」の案内にしたがって進む。岩屋谷公園下の駐車場まで来たら、公園に上がる階段の下で「北尾根登山口」の道標を見つけ、路地を戻るようにたどる。墓地の横の北尾根末端が**北尾根登山口**だ。

登りは緩やかなので、そう苦労はない。送電線鉄塔の建つピークを越えると、特徴的な**トンビ岩**がある。南側から見ると、なるほど

■鉄道・バス
往路・復路＝JR山陽本線相生駅が起点・終点駅。
■マイカー
山陽自動車道龍野西ICから県道121号を経由し国道2号を西へ、那波野東交差点を左折して岩屋谷公園駐車場（無料）へ。
■登山適期
4月中旬に、沿道をドウダンツツジの白い花が飾る。新緑は4月中旬から。真夏はかなり暑い。紅葉は11月中旬〜下旬。冬季、積雪はない。
■アドバイス
▽北尾根コースはロープのはられた箇所もあるが、登りは特に使わなくてよい。
■問合せ先
相生市観光協会☎0791・22・7177
■2万5000分ノ1地形図
相生

トンビの横顔のような形をしている。その下の鞍部に古墳への分岐があるが、途中で道が不明瞭になるので入りこまない方がいい。

登り返していくと尾根の西を回りこみ、露岩帯を進むようになる。尾根に出るとしばらく平坦で、253メートルピーク付近に烏帽子岩《えぼしいわ》がある。次のピークを越えると整備された遊歩道に出て、これをたどると相生湾を見下ろす**天下台山**山頂に着く。

山頂からは南へ進み、ベンチの先で右へ折り返していく。途中、分岐を左に**東尾《ひがしお》の展望台**へ立ち寄るとよいだろう。分岐に戻って左に下ると先の遊歩道の下に出る。少し登ると水戸大神への分岐がある。**水戸大神**は小さな社殿だが、天下台山にとっては重要な場所だ。

下りは分岐に戻ってもいいが、道を変えて参道を下ってもいい。遊歩道に出てしばらくで、岩に掘られた行者洞がある。下り続けると登山口の**水戸大神の鳥居**が立っている。右下に荒神滝《こうじんたき》不動尊があるので参拝していこう。鳥居のすぐ先で広い道路に出る。北へ下っていくと、行きに通ったコンビニのある交差点に戻ってくる。

東尾の展望台

CHECK POINT

1 相生駅を出発する。観光案内所も併設されている

2 北尾根末端の墓地内に登山口の案内表示がある

3 253メートルピーク近くにある巨岩の烏帽子岩。相生市街を一望する

4 電波塔が見えると天下台山山頂はすぐそこだ

5 天下台山の北にそびえる峰の中腹にある水戸大神

6 登山口に立つ鳥居。右下に下ると荒神滝がある

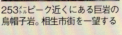

33 雄鷹台山

おたかだいやま 253m

港町・坂越と城下町・赤穂の背後に横たわる展望の山

日帰り

歩行時間＝3時間35分
歩行距離＝10・8㎞

技術度
体力度

コース定数＝**15**	
標高差＝245m	
累積標高差	↗ 473m ↘ 476m

←縦走路を登っていくと港町風情が漂う坂越の町が一望できる

←赤穂市街と瀬戸内海を一望しながら下っていく

雄鷹台山は、忠臣蔵で知られる赤穂《あこう》の城下町を見下ろし、手軽さが魅力の風光明媚な山。赤穂のみならず、東にある坂越《さこし》は昔の港町の風情を残して、登山と併せてぜひ訪れたい町である。

JR坂越駅前にのびる道を直進し、坂越橋で千種《ちくさ》川を渡って坂越の町に入る。伝統的建築物の残る町並みを歩き、町並み館や旧坂越浦会所《うらかいじょ》、**大避《おおさけ》神社**などを見学、古い歴史を誇る港町を堪能して、雄鷹台山登山に移ろう。

坂越橋上流の旧坂越橋を渡り、西山寺《せいざんじ》近くの**登山口**から登りはじめる。尾根に出ると道は広くなり、ロープのつけられた急登、坂越を見下ろす開けた草原のあるピークを経て、**後山《うしろやま》**に到達する。ここも南の展望がいい。

■**鉄道・バス**
往路＝JR赤穂線坂越駅が起点駅。帰路＝JR赤穂線播州赤穂駅から帰途につく。

■**マイカー**
山陽自動車道赤穂ICから国道250号を経由して赤穂市街へ。赤穂市歴史博物館の駐車場（無料）が広い。約5㌔、10分。

■**登山適期**
通年登れる。4月上旬にコバノミツバツツジのピンク、下旬から5月中旬にかけてはドウダンツツジの白い花が楽しめる。秋の紅葉は11月中旬～下旬。

■**アドバイス**
▽赤穂市歴史博物館は水曜休、赤穂城跡は無休。

坂越には古い町並みが残る

後山の少し先で、右に高山への分岐を見送って、アップダウンを繰り返していくと、赤穂小学校の登山記念碑が立つ**雄鷹台山**山頂に到着する。赤穂の市街と瀬戸内海を一望のもとに見わたすことができ、あずまやもあるのでゆっくりしていこう。

下山はドウダンツツジが沿道を飾る道を行く。七合目のあずまやをすぎてしばらく行くと、再び展望が開ける。展望のよい岩場もある。岩場の先からは、点在するミニ四国八十八箇所の石仏に見送られて下っていく。最後に大師堂に下り着いたら登山道は終わる。

登山口からは、すぐに踏切を渡り、市街へ入っていく。赤穂藩主浅野家の菩提寺で四十七士の墓地がある花岳寺《かがくじ》や、大石《おおいし》神社、**赤穂城跡**、歴史博物館などを訪ねて帰途につくとよいだろう。

▽12月14日には義士祭りが開催され、市街を四十七士たちが練り歩く。

■問合せ先
赤穂市産業観光課☎0791・43・6839

■2万5000分ノ1地形図
相生・播州赤穂

CHECK POINT

縦走する山並みを背後にした坂越駅からスタート

山裾の西山寺近くに登山口を示す道標がある

展望が抜群の後山。手前にも展望のいいところがある

登山記念碑が立っている雄鷹台山の頂上。展望もよい

大師堂近くまで下ってきた。ドウダンツツジが人気

赤穂の街で忠臣蔵ゆかりの場所をめぐる。ここは大石神社

34

源平合戦の山は展望抜群の岩稜の山

三草山

みくさやま
424m

日帰り

歩行時間＝2時間35分
歩行距離＝6・5km

技術度

体力度

コース定数＝12	
標高差＝321m	
累積標高差	↗529m ↘529m

昭和池の畔から三草山を見る。中央やや右のピークが三草山

三草山は猪名川町《いながわ》にもあるが、ここで紹介するのは加東市《かとう》の山。源義経の一の谷の戦いの前哨戦、三草山の戦いがあったといわれるが、歴史的な重みよりも、開放感あふれる岩稜歩きが魅力の山だ。整備も行き届いているので、初心者でも安心して歩ける。

駐車場とトイレが整備されている**山口《やまぐち》登山口**から歩きはじめる。いくつか登山口はあるが、整備が行き届いていて最も利用しやすい。登山道は尾根の末端からも続いているが、ここは正規ルートにしたがって駐車場北側に続く道を山裾に沿うように歩く。やがて「頂上」を示す道標が現れ、それにしたがって右折するとすぐに主尾根の**鞍部**に出る。ここを左折して山頂を目指す。

三草山へと続く岩稜は終始展望がよい

登りはじめると、背後に昭和池《しょうわ》の展望が開けてきて、岩場を登るようになる。鎖が設置されているが、使わなければ登れないような険しさはない。277㍍のコブを越え、再び鎖のある岩場を登りつめると、尾根が真東に方向を変える。アップダウンを繰り返していくと、広場になった**三草山**山頂に着く。南に六甲山《ろっこうさん》、北は千ヶ峰《せんみね》や笠形山《かさがたやま》などの播州《ばんしゅう》の名山が見わたせる。

下山は菅原道真を祀るという三草山神社の祠前に口を開けた鹿野《しかの》

■鉄道・バス
往路・復路＝利用できる公共交通機関はない。

■マイカー
中国自動車道ひょうご東条ICから自動車道に沿うように県道17号を西進、県道144号を経由して国道372号に入って右折、「三草山登山道」の表示にしたがって右折して山口登山口駐車場へ（無料）。約13㌔、20分。

■登山適期
新緑は4月中旬～5月上旬ごろ。紅葉は11月上旬～中旬がおすすめ。冬は特に積雪はない。

■アドバイス
▽鎖場が随所にあるが、使わなければならない場所は特にない。
▽道標に「もと来た登山口へ」と表示があるが、鹿野登山口と昭和池間の峠道はしっかりしているので周回は問題ない。
▽南麓の朝光寺は室町時代に再建された本堂が国宝に指定される古刹。

■問合せ先
加東市商工観光課☎0795・43・0530

■2万5000分ノ1地形図
比延

コースを利用する。しばらくは樹林帯だが、南北にのびる376メートルピーク付近まで来ると灌木帯になり、快適な尾根歩きになる。次のピーク手前で朝光寺《ちょうこうじ》への道を左に分け、ピークを迂回するように下っていく。

途中にベンチのある登り坂の先に天狗岩《てんぐいわ》への分岐があるので下っていこう。

天狗岩は、なるほど頭巾をかぶった天狗の横顔のように見えるユニークな岩で展望がいい。天狗岩からはもと来た道を戻らずに山腹に続く道を行けば、もとの縦走路に戻れる。

233メートルピークで90度方向転換して進むと、三草山神社の鳥居がある。まっすぐ進むと鹿野登山口だが**石鳥居**のすぐ先で右に昭和池へ近道の分岐がある。これまでの道よりやや狭くて急だが、下りきると鹿野登山口と昭和池をつなぐ道の**峠**に出る。右折して昭和池の周遊路に出て、ここを左折すると昭和池に沿う道となる。三草山を一望する露岩帯まで来れば、車を置いた**山口登山口**は近い。

CHECK POINT

1

駐車場とトイレが整備されている山口登山口

2

登山口から鞍部に出たら尾根伝いの縦走がはじまる

3

ところどころでしっかりとした鎖がつけられている

4

三草山の山頂は展望抜群で、ベンチがいくつもある

5

メインの登山道をはずれるが、奇岩の天狗岩にはぜひ

6

峠への下山の目印になる三草山神社の石鳥居

35 黒田官兵衛の里にそびえる信仰の山
白山・妙見山

はくさん 510m
みょうけんさん 622m
(最高地点＝633m)

日帰り
歩行時間＝4時間55分
歩行距離＝13・4km
技術度 体力度

コース定数	＝23
標高差	＝546m
累積標高差	↗933m ↘932m

黒田の里から見る白山(右の岩峰)

西脇《にしわき》市にある白山は、標高510《メートル》の岩峰。標高はそのすぐ北の尾根の方が高いが、麓からは岩峰がよく目立ち、かつて白山権現が祀られ、信仰の対象だった理由がよくわかる。その北東には現在も信仰されている妙見堂のある妙見山がある。コースは四方から整備されているが、白山登山で最もポピュラーなのは西麓の前坂《まえさか》から登るコース。黒田庄《くろだしょう》駅と本黒田《ほんくろだ》駅のほぼ中間に登山口があるが、本黒田駅は下山時に利用するので、起点は黒田庄駅とする。

JR黒田庄駅前の道を北へ向かい、広い道路に出たら右折、踏切を渡るとすぐに茅葺屋根の拝殿が特徴的な兵主《ひょうず》神社がある。神社の角を左折し県道を北へ。右手に前坂の集落が見えると小さな流れにぶつかるのでそれを右折する。道なりに進めば、**大歳《おおとし》神社**の鳥居がある。ここが登山口。石段を登ると拝殿に向かって右手に登山道が続いている。

緩やかに登りはじめると東西にのびる尾根に出るが、すぐに急斜面にぶつかり南から回りこむようにして主尾根に向かう。標高304《メートル》のピークは手前の松尾《まつお》の辻《つじ》から巻く。尾根上に小ピークがいくつもあるが、登山道はうまくピークを迂回するようにつけられ、展望もきいて快適な尾根歩きが楽しめる。

狸穴《たぬきあな》の分岐で末谷《すえたに》ルートを合わせ、とがの尾を越え、白山手前の鞍部で今度

檜皮葺屋根の荘厳寺・多宝塔

■鉄道・バス
往路＝JR加古川線黒田庄駅が起点駅。
復路＝同線本黒田駅から帰途につく。

■マイカー
中国自動車道滝野社ICから国道175号を北上、畑瀬橋交差点を右折して加古川を渡り左折、県道559号を経由して前坂へ。登山者は黒田庄隣保館の駐車場が利用できる。

■登山適期
春は沿道をツツジの花が飾る4月中旬から5月上旬。秋は荘厳寺の紅葉が楽しめる11月中旬がおすすめ。冬は特に積雪はないが、低地に降雪があるような場合は軽アイゼンがほしい。

■アドバイス
▽登山口はほかに秋谷池起点、住吉神社起点で登ることができる。いずれも登山者用駐車場がある。
▽コース中に狸穴の表示があるが、ここは分岐点で、狸穴は登山道をはずれる。
▽黒田庄は黒田官兵衛出身の播磨黒田家の本拠地。荘厳寺に家系図があるほか、寺の北の天狗山中腹に黒田城址がある。

■問合せ先
西脇市商工観光課☎0795・22・3111

■2万5000分ノ1地形図
中村町・谷川

は門柳《もんりゅう》ルートを合わせる。続いて急登を登りつめると、山頂直下の分岐に出合う。左に進むと一投足で**白山**山頂だ。山頂部は岩場になっており、南から西にかけての展望がいい。

分岐に戻って今度は妙見山を目指す。ほぼフラットな尾根道を歩き、案内板のある**十字路**から急登をこなすと、樹林の中に祠のたたずむ**妙見山**山頂に着く。そのまま直進し、「まばお」とよばれる小広場で右へ。道がわかりにくいが、20～30メートル進めばはっきりした踏跡がある。道なりに下り、尾根を右にはずれ、水平につけられた山腹道に入る。水平道のちょうど中間あたりに、妙見堂がある。直進して**十字路**に戻り、尾根を乗り越すようにして下っていくと鞍部のたわに着く。たわからは左の谷へ。

登山道が林道に変わると、やがて**獣除けゲート**に着く。ここでまっすぐ**本黒田駅**に向かってもよいが、黒田官兵衛ゆかりの古刹・**荘厳寺**《しょうごんじ》があるので立ち寄りたい。本堂・**多宝塔**に向かう参道は趣がある。

CHECK POINT

1 兵主神社の茅葺の拝殿。黒田官兵衛の資金で改築したという

2 小川に沿う道を山の手に向かい大蔵神社登山口へ

3 大蔵神社の鳥居が大蔵コースの登山口。階段を登っていく

4 白山山頂は岩が露出している。南の展望がよい

5 妙見山手前の十字路起点で、妙見山、妙見堂を経由し一周する

6 祠がある妙見山の山頂。樹林の中で展望はない

36

ヒカゲツツジの淡黄色のトンネルを行く

向山

むかいやま
569m（最高地点＝580m／五ノ山）

日帰り

歩行時間＝4時間40分
歩行距離＝7・9km

技術度
体力度

コース定数＝**19**

標高差＝484m

累積標高差 749m 749m

西麓から向山連山を見上げる

↑向山手前の展望のよい場所から石生の町を見下ろす

←ヒカゲツツジのトンネルをくぐり向山へ

丹波《たんば》市の向山が生み出す水は、麓の水分《みわ》かれ公園で日本海側、太平洋側に分かれることから、日本一低い分水界をつくっていることで有名だ。しかし、山としての魅力をいちばん発揮するのが春、4月中旬で、稜線上は薄黄色の花をつけるヒカゲツツジが群生し、みごとな花のトンネルをつくる。年によってはコバノミツバツツジのピンクの花との共演も楽しめる。

石生《いそう》駅から東へ向かい、突き当たりで右、次の角を左折すると、

■鉄道・バス
往路・復路＝JR福知山線石生駅が起点・終点となる。

■マイカー
舞鶴若狭自動車道春日ICから南へ5分、水分かれ公園手前に駐車場あり、無料。

■登山適期
ヒカゲツツジは例年4月中旬が見ごろ。紅葉は11月中旬〜下旬。冬は特に積雪はない。

■アドバイス
▽水分かれ公園は、標高100㍍をきる本州では最も低い分水界で、その分かれる場所をその目で確認することができる。フィールドミュージアム☎0795・82・5912もある。

水分かれ公園

■問合せ先
丹波市観光協会☎0795・72・2340

■2万5000分ノ1地形図
柏原

観音堂登山口《かんのんどう》に導かれる。ここから連山の馬蹄形縦走がはじまる。登りはじめは急登で息がきれるが、二ノ山に着くとひと息つける。さらにひとがんばりして**岩座展望所**《いわくら》へ。周辺ののどかな田園風景が見下ろせる。

三ノ山をすぎたあたりからヒカゲツツジを散見するようになる。四ノ山から**深坂北峰**《ふかさかきたみね》、そして向山あたりまでが花のピークだ。**向山**山頂には丸太のベンチなどがあるので昼食をとるのによい。北には明智光秀が攻略した黒井《くろい》城跡が見えている。

五ノ山あたりまで花はあるが、やがて植林帯に入り、**蛙子峰**《がえるこ》ではほぼ直角に右へ方向転換する。すぐに譲葉山《ゆずりはやま》への分岐を見送り、なおも進むと、清水山《きよみずやま》への急登がある。しかしそれも5分ほどで反射板のある**清水山**山頂へ。

清水山からの下りにはイルカ岩などの奇岩があり、向山が見える剣爾山《けんじやま》、展望のある天狗岩《てんぐいわ》を経て、**鳳翔寺**《ほうしょうじ》へ下り着く。時間が許せば、集落を抜けて**水分かれ公園**に立ち寄るとよいだろう。

CHECK POINT

1 起・終点となる石生駅で身支度を整えて出発しよう

2 集落のはずれにある観音堂登山口から登っていく

3 登山道の低いところにはコバノミツバツツジも咲いている

4 向山頂上から先、五ノ山あたりは露岩の尾根になっている

5 清水山からの下りには奇岩がある。これはイルカ岩

6 剣爾山からは登ってきた向山連山を見通すことができる

観音岩の先で山頂を見ながら岩稜を歩く

37 秀麗な山容とダイナミックな岩の景観

明神山

みょうじんやま
668m

日帰り

歩行時間＝4時間55分
歩行距離＝12・1km

技術度
体力度

コース定数 ＝21	
標高差 ＝573m	
累積標高差	↗ 794m
	↘ 794m

明神山はその秀麗な山容から「播磨《はりま》富士」ともよばれている。一見たおやかな山容だが、取り付いてみると岩稜が特徴の変化のある山で、ダイナミックな登山を楽しむことができる。コースはA、B、C、D、Eコース、加えて大明神《だいみょうじん》コースがあり多彩だが、ここでは岩稜歩きが楽しいCコースからAコースをたどるプランを紹介しよう。

下山路の注目スポットはマンモスの背だ

前之庄《まえのしょう》バス停から南下、すぐに

■鉄道・バス
往路・復路＝JR山陽本線姫路駅から神姫バス約50分、前之庄へ。

■マイカー
中国道夢前SICから中国道に沿って県道23号を西進、「明神山」「夢の里農業公園」の標識にしたがって夢やかた駐車場へ（無料）。約7㌔、20分。

■登山適期
4月上旬にコバノミツバツツジが咲く。新緑は5月上旬。紅葉は11月中旬～下旬。冬は特に積雪はない。

■アドバイス
▽大明神コースは秋の猟期は入らないように。また、Eコースは現在通行止め。
▽夢やかたの農家レストラン「夢工房」（☎079・336・1585）は地元産のそばが有名で、秋の新そばの時期には行列ができる。そのほか、ピザやカレーなども人気。月曜休（祝日の場合翌日）。

農家レストラン「夢工房」

■問合せ先
姫路市観光コンベンション室☎079・221・2116、神姫バス姫路営業所☎079・288・1744

■2万5000分ノ1地形図
前之庄

商工会館前の角を右折して橋を渡り、道なりに進んでいく。途中、明神山とその麓の夢やかたを示す案内があるので迷うことはないだろう。登山口は**夢やかたの駐車場**だ。北に向かうとすぐにCコースへの入口があるので、入っていく。

植林はすぐに明るい雑木林となり、途中、ぬくもりの森の遊歩道と合流するが、右にとり、尾根に出て登っていく。屏風岩の下を通り、観音岩《かんのんいわ》に登ると、正面に山頂を望む岩稜となる。くじら岩、ロープ場のある**合掌岩**《がっしょういわ》を経て、がまん坂を登ると地蔵岳《じぞうだけ》に着く。その先の八丁坂《はっちょうざか》はロープがつけられた急登で、登りきると**明神山**山頂だ。展望がよく、東に七種山《なぐさやま》、南に遠く瀬戸内海、西に雪彦山《せっぴこさん》の岩場が見える。

下山路のAコースは南に続いている。山頂直下の気合坂《きあいざか》はその名から想像されるように急坂だ。

傾斜が緩くなると渓谷コースのBコースを左に見送り、展望のいい夢岩《ゆめいわ》を経て小ピークの**西の丸**《にしのまる》に着く。ここで大きく左に方向転換し、下っていくと達磨岩《だるまいわ》、長いロープがついた明神山名物ともいえるマンモスの背、今度は短いロープのついた大黒岩《だいこくいわ》などが楽しめる。

やがて下り着くと、岩屋《いわや》池の下に出て、**夢やかたの駐車場**へ戻ってくる。

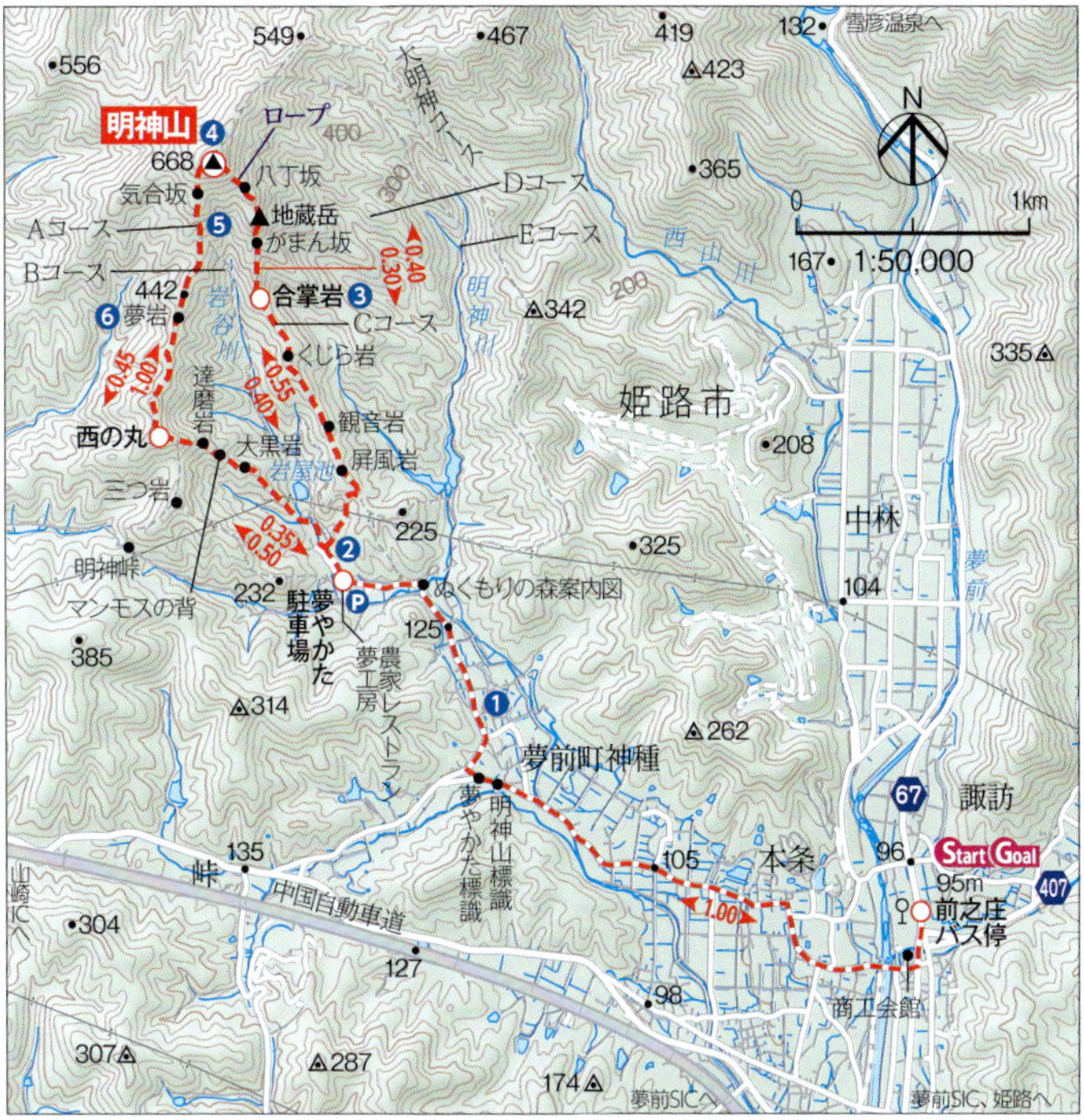

CHECK POINT

1 明神山を正面にして夢やかたに向かっていく

2 Cコースの登山口。植林はすぐに雑木林に変わる

3 ロープ場のある合掌岩を登る。とくに危険はない

4 明神山の山頂。南の直下がやや広くランチスペースになる

5 急坂が落ち着くと谷沿いを進むBコースとの分岐がある

6 夢岩(夢展望岩)から見下ろすと夢前の町は間近

38

七種山

名瀑とスリリングな岩の尾根

なぐさやま
683m

日帰り

歩行時間＝3時間35分
歩行距離＝6・6km

技術度 ★★★☆☆
体力度 ★☆☆☆☆

コース定数	＝**17**
標高差	＝451m
累積標高差	↗ 782m ↘ 904m

七種山は、奈良時代に編纂された『播磨《はりま》国風土記』に、「奈具佐《なぐさ》山《やま》」としてその名が見えるほど、昔から知られた山だ。懐に七種滝を抱き、山麓には推古天皇時代にまで起源が遡るという作門寺《さくもんじ》の山門が残っている。山岳としては、七種山を中心にした馬蹄形の東側に薬師峯《やくしみね》、西側に七種槍《なぐさやり》がそびえ、合わせて「七種三山」とよばれている。三山縦走は上級者向けとなるので、ここでは七種山と七種槍を縦走するコースを紹介しよう。

七種槍をすぎるとダイナミックな岩峰が続く

最寄り駅はJR播但《ばんたん》線の福崎《ふくさき》駅だが、バス便はないのでタクシーで向かう。タクシーの場合は**作門寺山門**まで入ることができる。この先も舗装路が続き、太鼓《たいこ》橋から登山道となる。コース上に虹《にじ》ヶ滝、八龍《はちりゅう》滝と続き、最後に落差72メートルという七種滝が現れる。滝観賞は**七種神社**まで上がるとよい。

七種神社からは、ロープ場を経て七種滝落ち口近くまで行く。ここからは稜線の急登となる。登り着いた**七種山**山頂は展望がないが、その手前に展望抜群の展望岩がある。また、山頂の東側に、深い亀裂の入ったつなぎ岩がある。

山頂からは北へ向かい、町境尾根に出たら右へ。552メートルピークからは急な下り坂となる。いった

■鉄道・バス
往路・復路＝JR播但線福崎駅からタクシー15分で作門寺山門へ。帰りは青少年野外センター前から。

■マイカー
中国自動車道福崎ICを出て播但連絡道方面、福崎北ランプから西へ、福崎駅方面へ。県道406号経由で、8キロ、福崎町立青少年野外活動センター前の里山公園なぐさの森駐車場（無料）へ。

■登山適期
通年登れる。4月中旬にコバノミツバツツジとヒカゲツツジが咲く。紅葉は11月中旬〜下旬。

■アドバイス
▽岩場が濡れていると危険が増すので、雨後や天候の悪い日は要注意。中止という決断も必要。
▽作門寺が転居した七種山金剛城寺が1・5キロ南にある。真言宗の古刹で新西国札所である。
▽福崎駅の北に福ふく温泉があったが、2021年に閉店となった。
▽福崎町は民俗学者・柳田国男の生誕地で、生家や記念館が一般公開されている。月曜休。

■問合せ先
福崎町観光協会☎0790・21・9056、神崎交通タクシー☎0790・22・0043

■2万5000分ノ1地形図
前之庄・寺前

鎖場を下るが、見た目よりは簡単だ

ん緩むが、この先にも急な下り坂がある。しばらくアップダウンを繰り返しながら樹林の中を進み、七種槍への分岐で左に登るとすぐに**七種槍**の山頂だ。

縦走路に戻り、先へ進む。ここから先の岩場が圧巻だ。無理をしなければ見た目ほど危険はないが、鎖場は慎重に通過しよう。鉄塔のあるピークをすぎると、右に下山路がある**田口奥池分岐**。岩盤を下っていくと田口奥池《たぐちおくいけ》に下り立つ。**福崎町青少年野外活動センター**に着いたら予約していたタクシーに乗りこんで福崎駅へ。

水量は少ないが、落差のある七種滝

CHECK POINT

1 里山公園なぐさの森には広い登山者用の駐車場がある

2 作門寺の山門。元禄時代の建立といわれる

3 七種神社へ登ると、七種滝を正面に見ることができる

4 山頂手前の展望岩。山頂は展望がないのでここでひと休み

5 鉄塔のあるピークの先に下山路を示す道標がある

6 岩盤の道を下りきると、のどかな田口奥池の前に出てくる

39

日帰り

「播磨富士」の名で知られる播州の名山

笠形山

かさがたやま
939m

歩行時間＝4時間20分
歩行距離＝9・5km

技術度
体力度

コース定数＝**21**
標高差＝714m
累積標高差 ↗955m ↘955m

仙人滝コースの下山地から見上げる笠の丸（右）

ほうらい岩は展望に恵まれ居心地もよい

北麓から見ると秀麗な姿をしている笠形山は、その昔、京都の愛宕山から眺めると「笠」の形に見えたからその名がついたという。南麓に笠形寺、中腹に笠形神社といった古寺・古社があり、見どころにもこと欠かない。

スタートの**笠形神社コース駐車場**には市川《いちかわ》町買い物バスの寺《じ》家《け》バス停があるが、登山には適さないのでマイカー利用となる。山の手に向かい、すぐに案内にしたがって左に派生する道に入る。大鳥居のあるところが**登山口**だ。道路をそのままたどってもいいが、並行するように登山道が通じ、笠形寺の下で合流する。笠形寺は7世紀開基という古刹で、樹齢450年ともいうコウヤマキがそびえたっている。

大きな堰堤を越え、しばらくはコンクリート道が続く。**休み堂**を経て八角堂から登山道となる。やがて山中にしては広い境内をもつ**笠形神社**に着く。拝殿はもと笠形寺の本堂だったという。巨木の夫婦杉もみごとだ。

■鉄道・バス
往路・復路＝登山に利用できるバス便はない。

■マイカー
播但連絡道市川南ランプを出て右折、県道34号経由で寺家の登山者用無料駐車場へ。約11㌔、20分。

■登山適期
4月下旬、山頂付近にアケボノツツジが咲く。新緑は5月上旬〜下旬。秋の紅葉は11月中旬から下旬。冬は積雪がある場合が多いので軽アイゼンを携行しよう。

■アドバイス
▽笠形神社の御神木の大桧は1959年に伐り出され、姫路城の心柱に活用された。
▽寺家の南5㌔に、かさがた温泉せせらぎの湯☎0790・27・1919がある。月曜休。

■問合せ先
市川町地域振興課☎0790・26・1015

■2万5000分ノ1地形図
粟賀町

神社から小尾根の展望所を経由して、急坂をこなしてあずまやのある**笠**《かさ》**の丸**《まる》へ。ここから山頂までは緩やかなアップダウンの尾根歩きで到着する。**笠形山**山頂からの展望は抜群で、北に千《せん》ヶ峰《みね》がゆったりと横たわっている。

下山は**笠の丸**から西へ。アセビが一面に生える鹿《しか》ヶ原《はら》から**ほうらい岩**へ。**ほうらい岩**は少し登山道からはずれるが、展望がよいのでぜひ立ち寄りたい。ただし、手前の急坂は要注意だ。

続いて高度感のあるトラバースをしながら仙人滝に向かう。仙人滝は岩壁を流れる滝で、水量は多くないが、江戸時代に姫路藩主が雨乞いのために、領民を千人参らせたために名づけられたという歴史ある滝だ。

流れを横切り登山道を進むと**林道**に下る。あとは長い林道歩きで、**仙人滝コース登山口**を経て**駐車場**に戻る。

CHECK POINT

寺家の広い登山者用駐車場に車を停めて出発

笠形寺の蔵王堂は市川町の有形文化財に指定されている

大きな笠形神社の拝殿。もとは笠形寺の本堂だったという

笠の丸にはあずまやがある。山頂までは約20分ほど

落差35メートルの仙人滝。まだこの上部に滝が連続する

仙人滝コースの登山口にも駐車場が用意されている

40

北播磨の1000メートル峰のスカイラインを歩く

千ヶ峰

せんがみね
1005m

日帰り

歩行時間＝4時間35分
歩行距離＝11・1km

技術度 ★★☆☆☆
体力度 ★★☆☆☆

コース定数＝21

標高差＝829m

累積標高差 ↗902m ↘892m

ひとつ目の展望棟手前から千ヶ峰山頂を見る

播州《ばんしゅう》では、標高1000メートルを超えて登山対象として親しまれている山は少ない。山頂が草原状になっている千ヶ峰は抜群の展望を誇り、手軽な稜線漫歩が楽しめる山として人気が高い。旧加美《かみ》町と旧中《なか》町が合併して多可《たか》町となって以降、「多可の天空を歩く」がキャッチフレーズとなっている。

門村《かどむら》バス停から少し北に行き、千ヶ峰の案内にしたがって左折する。三谷《みたに》川に沿って山の手に向かうが、キャニオンキャンプ（旧ハーモニーパーク）手前のログハウスのあるヘアピンカーブで直進する林道に入り、登りきると広々とした駐車場とトイレのある**三谷登山口**に着く。

三谷大滝の雄滝

植林のなかを歩きはじめると右手にナメ滝の三谷雌滝が見える。雌滝の上で雄滝を見上げながら橋を渡り、今度は左手に雄滝を見ながら上がっていく。植林が途ぎれてからが、三谷渓谷の真骨頂で、苔むした沢が美しい。最後に左岸から右岸へ橋で渡ると、再び植林となり、急坂が続く。**岩座神《いさりかみ》コースとの分岐**を左に見て、さらに登る。ロープが続くようになると、山頂は近い。

「南妙法蓮華経」の石柱が立つ**千ヶ峰**山頂からの展望は抜群で、360度。南西の尾根は笠《かさ》

■**鉄道・バス**
往路＝JR加古川線西脇市駅からウイング神姫バス52分で門村バス停へ。復路＝丹治バス停からウイング神姫バス55分で西脇市駅へ。

■**マイカー**
中国自動車道滝野社ICから国道175号を北へ。西脇市街を経由して国道427号を北上、門村で案内表示にしたがい三谷登山口駐車場（無料）へ。市原峠には5台ほど停められる駐車スペースがある。

■**登山適期**
新緑は4月下旬から5月中旬、紅葉は11月上旬から中旬。冬季は積雪があり軽アイゼンは必携。

■**アドバイス**
▽土・日曜・祝日はバスの便数が少なくなる。ウイング神姫バス西脇営業所☎0795・22・2786。
▽山頂直下のロープ場は植林帯の中に踏跡もある。
▽三谷コースを下山する場合、濡れた岩場もあるので足もとには注意しよう。

■**問合せ先**
多可町商工観光課☎0795・32・4779

■**2万5000分ノ1地形図**
丹波和田

形山《がたやま》へ続く縦走路。ここでは北東に向かう尾根を歩いて市原《いちはら》峠に向かう。おおむねススキと灌木からなる見晴らしのいい尾根歩きが楽しめる。屋根付きの展望棟の手前

南方から千ヶ峰を望む。右のピークが千ヶ峰

CHECK POINT

国道沿いの門村バス停から登りはじめる。登山口まで道路歩き

キャニオンキャンプ手前のヘアピンカーブを直進する

広い駐車場とトイレのある三谷登山口をスタート

雌滝のすぐ上で上流部に雄滝を見ながら橋を渡る

谷を離れると植林帯の急登が続く。岩座神コース分岐はもうすぐ

稜線上には展望棟が２つ設置されている

２つ目の展望棟手前から見ると千ヶ峰の姿がいい

市原峠から下ると二本杉の石祠の前に下り立つ

この分岐を見逃さないように。林道を歩くとかなり遠回り

あたりで振り返ると千ヶ峰の山頂が見えるが、三角点峰に建てられた2つ目の展望棟の手前からは山頂が三角錐に見えてかっこいい。下りついたところが**市原峠**だ。

下山は車道に下り立つ手前の踏跡を下る。二本松で林道に出て右に行くと石に囲まれた白い看板があり、ここで左の沢道に入る。やや荒れた道を下ると、林道の下に出る。あとは舗装路を下って国道沿いの**丹治《たんじ》バス停**へ。

登山者が集う千ヶ峰のピーク

4

関西屈指の岩の殿堂に登る
雪彦山

せっぴこさん
950m（鉾立山）

日帰り

歩行時間＝4時間45分
歩行距離＝6・4km

技術度
体力度

コース定数＝19
標高差＝668m
累積標高差 849m 849m

↑展望岩から見上げる雪彦山（洞ヶ岳）。岩場は昭和初期にRCCが開拓

←頂上へは鎖場がいくつもあり、手足を使う険しい登りが続く

もともと雪彦山は、大天井岳《おおてんじょうだけ》、三峰岳《みつみねだけ》、不行岳《ゆかずだけ》、地蔵岳《じぞうだけ》を合わせた「洞《ほら》ヶ岳《たけ》」を指すが、今は雪彦山三角点（三辻山《みつじやま》）、鉾立山《ほこたてやま》の三山の総称として使われている。ちなみに現在最高峰のピークを鉾立山とよんでいるが、本来は賀野《かの》神社北西の中腹にあるピークをよんだらしい。古くから岩登りのゲレンデとして知られるが、出雲岩《いずもいわ》コースは一般登山者でも岩登りの楽しさに触れることができる。下山路もいくつかある。

最寄りのバス停は寺河内《てらこうち》だが、登山口まで1時間かかるうえ、最寄り駅も遠すぎてタクシーで向かうにも実質的ではないので、マイカー登山となる。

駐車場から歩くとすぐに登山口がある。のっけからいきなりの急

■鉄道・バス
往路・復路＝最寄りの福崎駅からは約30キロ。姫路駅から寺河内バス停まで神姫バスと姫路市コミュニティバス（平日のみ）で約1時間（前之庄乗り換え）。登山口へ徒歩1時間。

■マイカー
中国自動車道夢前スマートICから福崎方面へ。県道23号を西へ。前之庄西交差点を右折し、県道504号を北上して雪彦山登山口駐車場（無料）へ。約10キロ、20分。

■登山適期
通年。4月下旬ごろから山頂付近にアケボノツツジが咲く。紅葉は11月中旬から下旬。

■アドバイス
▽出雲岩コースの鎖場は迂回路がないので、慎重にたどるように。
▽上級コースは、20メートル以上の鎖場があり、鎖場以外も足もとが悪い坂が続く。岩登りに自信があれば、地蔵岳の上にも立てるが、虹ヶ滝近くの鎖場も足もとが濡れていてすべる。滑落事故も起きているので注意。

■問合せ先
姫路市観光コンベンション室☎079・221・2116、神姫バス姫路営業所☎079・288・1744、姫路市コミュニティバス☎079・221・2860

■2万5000分ノ1地形図
寺前

オーバーハングした巨大な出雲岩

出雲岩の上の覗岩からの眺め

登で、岩場というほどの箇所はないが、手を使うシーンもある。展望岩まで登ると目の前に雪彦山の雄姿を望むことができる。

尾根道を登りつめ、ようやく山腹道となると出雲岩は近い。途中、ロープのはられた箇所もある。**出雲岩**はオーバーハングした岩壁で、その迫力に思わず歓声が上がる。

出雲岩を回りこむようにして鎖場をひと登りすると、覗岩《のぞきいわ》に出る。ここは出雲岩の上だ。正面に播磨《はりま》富士・明神岳《みょうじんだけ》の特徴ある姿が見える。狭いセリ岩をすり抜けると、鎖場が連続する岩場、馬ノ背になる。岩場をよじ登るようにしてグイグイと高度を上げると、**大天井岳**の山頂だ。

山頂から急坂を下り、登り返す。天狗岩《てんぐいわ》の先のピークで直進すると

CHECK POINT

1

バスが廃止されてからはマイカー登山の山になった

2

駐車場のすぐ上に登山口がある。のっけから急登だ

3

出雲岩の先の鎖場。足もとがすべりやすいので注意

4

大天井岳の山頂。祠が建っている

5

雪彦山三角点峰。昔は「三辻山」といういい方もした

6

鉾立山の山頂。本来の鉾立山とは別のようだ

7

林道を横断して雪彦川沿いへ。下りはじめは注意しよう

8

雪彦川の名瀑のひとつであるナメ滝

上級コースになるので、左に上がる道（三角点方面）に進む。道は一転して穏やかな道になる。尾根通しに進み、大岩の横を通ると雪彦山の三角点は近い。

三角点をすぎ、次は展望板のある鉾立山へ。次のジャンクションピークを越えると**林道**に出て、崩落した場所に下山口が開いている。植林帯を下ると谷筋に出る。倒木で荒れているが、道はしっかりしている。快適な道を谷沿いに下る。ナメ滝をすぎ、道が岩混じりになると**虹《にじ》ヶ滝**に出る。滝の前で沢を渡り、山腹道を進み、**大曲り**から再び谷筋に下って進むと、登山口に戻ってくる。

洞ヶ岳の岩場を背に大曲りへ向かう

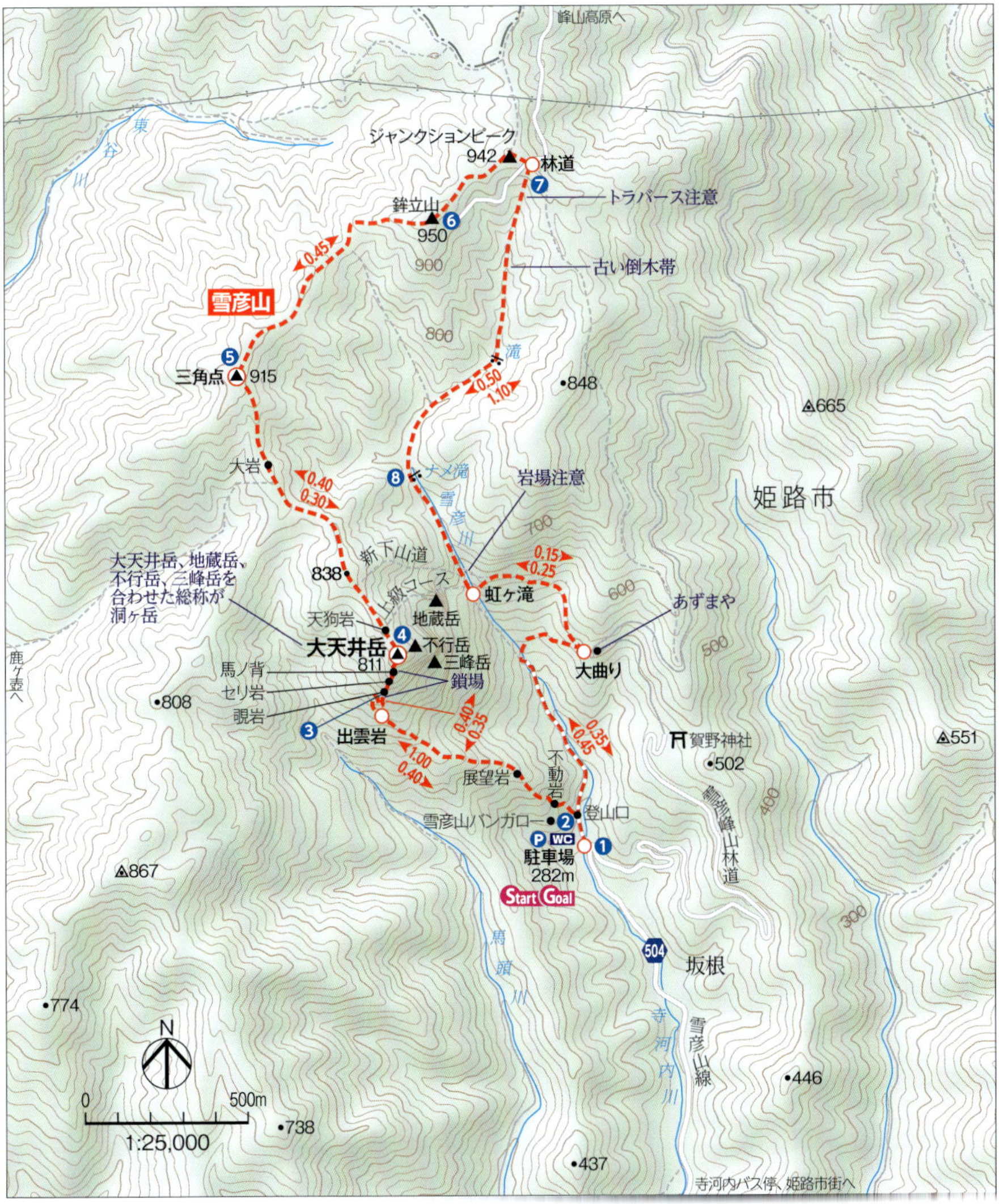

42 段ヶ峰

だんがみね
1103m

広大無辺の草原を歩くプロムナード

日帰り

歩行時間＝5時間20分
歩行距離＝12・2km

技術度 ■□□□□
体力度 ■□□□□

コース定数	＝**23**
標高差	＝543m
累積標高差	↗ 902m ↘ 902m

↑達磨ヶ峰を越えて、草原台地となった段ヶ峰へ向かう

←フトウガ峰手前の大岩のある場所は最高の休憩場所

生野《いくの》高原に横たわる段ヶ峰は、顕著なピークではないが、広大な草原が広がり、関西では類を見ない広々とした風景が魅力の山だ。コースの距離は長いが、一度稜線に上がってしまうとアップダウンも緩やかなので、思う存分爽快な山歩きが堪能できる。

起点の**縦走コース登山口**へはマイカーやタクシーは直接入れるが、朝来市デマンド型乗合交通（要予約、日曜・祝日運休）の場合は生野駅から生野高原カントリークラブへ行き、徒歩約5分で登山口へ。

雑木林を登りはじめるとすぐに稜線に達する。周囲がススキに囲まれ、後方の展望が開けてくると達磨《だるま》の肩《かた》に着く。急坂はここまでで、緩やかに登ると**達磨《だるま》ヶ峰《みね》**に着く。そのまま進むと、前方にフトウガ峰《みね》から段ヶ峰にかけての台地が広がっている。

ススキに囲まれた道を下りきり、第二峰を越え、樹林に入る。いっ

■**鉄道・バス** 往路・復路＝JR播但線生野駅からタクシーで縦走路コース登山口へ。

■**マイカー** 中国道福崎ICから播但連絡道に入り、生野ランプで降り、右折して橋を渡ってすぐ右折しゴルフ場に向かう。ゴルフ場手前で右折すると縦走コース登山口で、無料駐車場がある。

■**登山適期** ススキが見ごろを迎える10月中旬ごろがおすすめ。冬は積雪があり、スノーシューが楽しめる。

■**アドバイス** ▽生野駅から縦走コース登山口まで徒歩で約1時間。
▽最短ルートは千町峠からだが、フトウガ峰東の巨岩あたりまでは足をのばしたい。このルートは下山に使えるが、林道歩きが長くなる。

■**問合せ先** 朝来市観光交流課☎079・672・4003、生野タクシー☎079・679・3156、朝来市デマンドバス☎079・666・8170

■**2万5000分ノ1地形図** 神小畑・但馬新井

段ヶ峰山頂近くからフトウガ峰方面を望む

たん下り、植林のピークを越えると**最低コル**、登り返すとササ原に灌木、巨岩が点在するフトウガ峰の肩に着く。開放感あふれ、先に進むのが惜しまれるような場所だ。フトウガ峰はその先すぐ。

フトウガ峰の直下で左に杉谷《すぎたに》コースを分けるフトウ谷分岐を見送り、いったん高度を下げて湿地を抜ける。続いて緩やかに高度を下げていくと**段ヶ峰**山頂に着く。

下山はフトウ谷分岐から杉谷コースを下る。幅の広い気持ちのいい尾根道だが、下部はなかなかの急坂だ。足もとがガレてくると谷に下り着き、**林道**に飛び出す。

あとは長い林道歩きで**縦走路コース登山口**へ戻る。

CHECK POINT

1

駐車場のある登山口からしばらくは雑木林が続く

2

最初のピーク、達磨ヶ峰山頂にはススキが繁茂している

3

フトウ谷の分岐。帰りはここから尾根を下る

4

段ヶ峰山頂。三角点はもう少し北のピークにある

5

杉谷コースを下りきると谷に出る。林道はすぐ

6

長い林道歩きだが、ロケーションはおおむね気持ちがよい

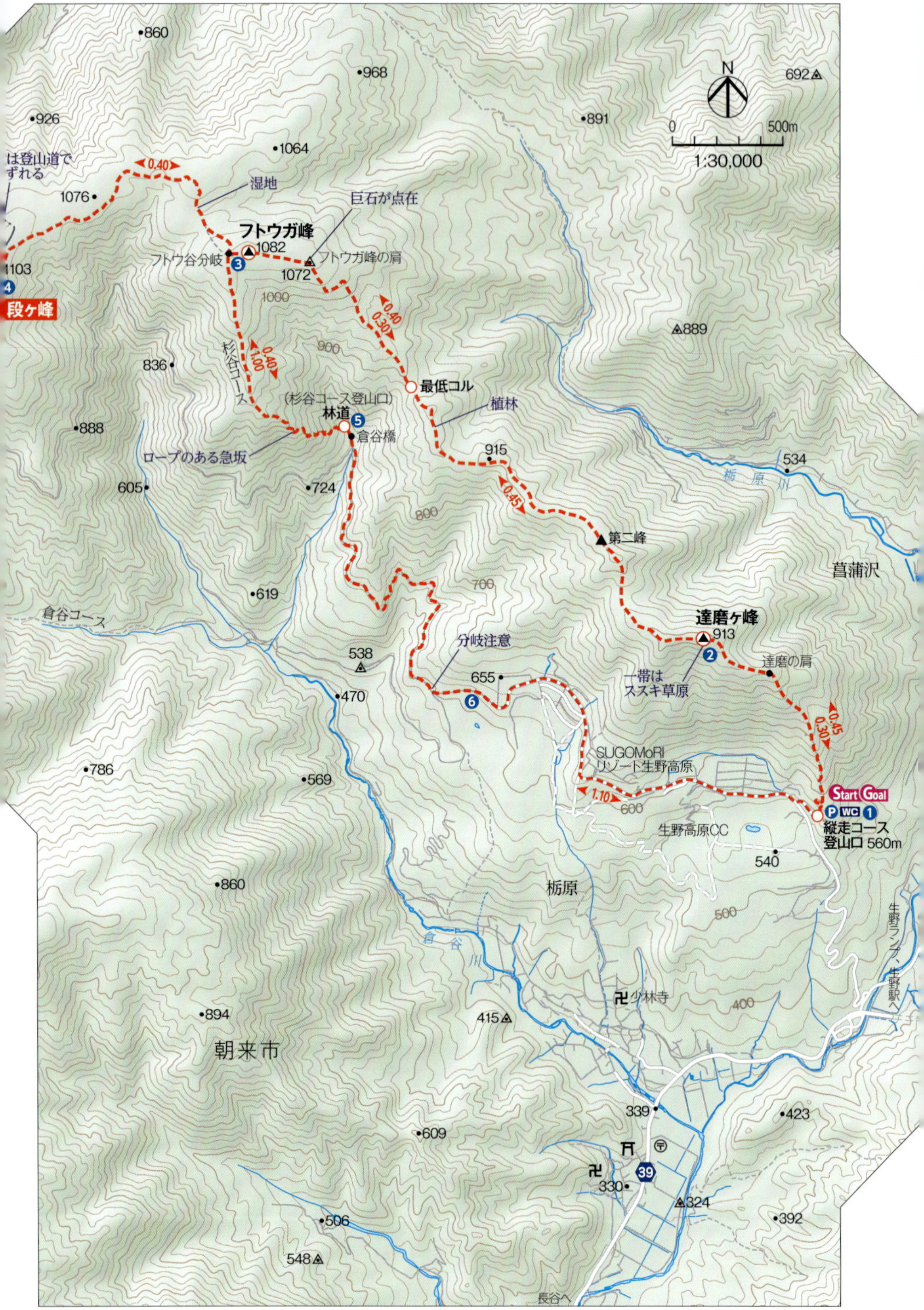
N
0
500m
1:30,000
は登山道で
ずれる
0.40
湿地
巨石が点在
フトウガ峰
1082
フトウ谷分岐
フトウガ峰の肩
1072
1103
段ヶ峰
0.40
0.30
0.40
1.00
杉谷コース
最低コル
植林
(杉谷コース登山口)
林道
倉谷橋
ロープのある急坂
915
0.45
第二峰
達磨ヶ峰
913
達磨の肩
一帯は
ススキ草原
0.45
0.30
分岐注意
655
SUGOMoRi
リゾート生野高原
1.10
Start Goal
縦走コース
登山口 560m
生野高原CC
栃原川
菖蒲沢
栃原
倉谷川
倉谷コース
少林寺
朝来市
生野ランプ、生野駅へ
長谷へ
39
860
968
891
692
926
1064
1076
889
836
888
534
605
724
619
538
470
786
569
540
860
894
415
339
423
609
330
324
506
392
548
1000
900
800
700
600
500
400

↑南麓から見上げる後山。ゆったりとした大きな山容だ

←駒の尾山に向かう尾根道は美しいブナ林が続く

県境に位置する岡山県最高峰からササの稜線漫歩

後山・駒の尾山

日帰り

うしろやま　1344m
こまのおやま　1281m

歩行時間＝5時間30分
歩行距離＝11・1km

技術度
体力度

コース定数＝26

標高差＝654m

累積標高差 ↗1163m ↘1163m

後山は、標高1300メートルを超える岡山県の最高峰である。兵庫県側では「板馬《いたば》見山《みやま》」あるいは「寺《てら》谷山《たにやま》」とよばれていた。修験の山として古くから開かれ、岡山県側には道仙寺《どうせんじ》があり、一部女人禁制の区域があることも知られていて、兵庫県側にも多くの石仏と行場がある。県境の縦走路を利用し、駒の尾山まで足をのばすと、スリリングな行場と爽快な尾根歩きが楽しめる。

麓の松《まつ》ノ木《き》橋近くにウイング神姫の松ノ木バス停があるが、京阪神からでは到着が13時をすぎるので、現実的には利用できない。実質的にはマイカー利用となる。松ノ木橋の先に駐車場とトイレがあるが、ここからだと長い林道歩きを強いられるので、林道終点（登山口）の駐車場を利用しよう。

役行者像のある**登山口**から歩きはじめる。垢離取場《こりとりば》、避難小屋と

■**鉄道・バス**
往路・復路＝松ノ木バス停が最寄りだが、京阪神の都市部からバスを利用しての日帰り登山は難しい。

■**マイカー**
中国自動車道山崎ICから県道53号を西進、下三河交差点を右折して県道72号に入る。松ノ木橋を渡るとすぐに行者霊水と駐車場トイレがあるので左折する。約35キロ、1時間20分で登山口の無料駐車場へ。

■**登山適期**
新緑の5月中旬、10月下旬から11月上旬の紅葉がおすすめの時期。冬季は積雪によって登山口駐車場まで入れないことがあるので、行者霊水の駐車場を利用する。また、行者コースは危険になるため、一般コースかおごしきコースを利用しよう。ワカン、アイゼンの携行が望ましい。

■**アドバイス**
▽千種町の中心地近くに温泉施設のあるエーガイヤちくさ☎0790・76・8200がある。

■**問合せ先**
しそう森林王国観光協会☎0790・64・0923

■**2万5000分ノ1地形図**
西河内

駒の尾山に近づくとササの草原が広がる

2つの小屋を見送って橋を渡り、いったん川を離れ再び合流すると、しばらくは渓谷沿いの道となる。金懸《かなかけ》の行者《ぎょうじゃ》や石《いし》小屋などを見ながら遡って、**分岐**でおごしきコースを右に見送るとガレ場になる。コースがわかりにくいが、目印のテープを確認しながら進んでいこう。

そうめん滝で折り返すと、**行者コース分岐**がある。右は行者コースで、上級向きで危険箇所も多い。自信のない人は一般コースの左の灯石《とうせき》コースを選ぼう。ここでは行者コースを紹介する。

急斜面をトラバースするように進むと長いロープがある。行者コースは随所にロープが設置されているので、しっかりと持って慎重に進もう。廻《まわ》り岩、胎《たい》内《ない》くぐり、屏風岩《びょうぶいわ》、股《また》のぞき、行者窟《ぎょうじゃのいわや》（格子《こうし》岩《いわ》）、大のぞきと、行場が連続する。熊穴《くまあな》をすぎると尾根道になり、**県境尾根**に登り着くと一般コースと合流する。**後山**山頂はすぐそばだ。

駒の尾山へは西へ、尾根伝いに緩やかなアップダウンを繰り返していく。ブナ林やスケ

ール感のあるササ原など、快適なプロムナードで、「美作《みまさか》アルプス」とよばれている。**船木山**《ふなきやま》、鍋《なべ》ヶ谷《たに》山《やま》と越え、避難小屋まで来ると**駒の尾山**山頂はすぐそこ。広々として展望も360度だ。

下山は**後山**まで引き返し、東にのびる尾根を下っておごしき山を経由すると変化が出る。**おごしき山**は尾根状の突起だが、平成9年に設置された平成之大馬鹿門が立つ。千種《ちくさ》川向かいの空山《そらやま》に立つものと対になっており、もとは佛教大学の正門として制作されたが、旧千種町が制作者から譲渡を受けた。

この大馬鹿門から少し尾根伝いに進むと右に下山路が現れる。最初は急だが、やがてブナ林を行く山腹道となる。植林帯に入ると、往路で見送った**おごしきコース分岐**に出る。

CHECK POINT

1

登山口の駐車場。できればここまで車で入りたい

2

行者コースは難所が続く。長いロープ場も数箇所ある

3

行者窟には「格子岩」とよばれる穴の開いた奇岩がある

4

祠のある後山山頂は岡山県の最高峰でもある

5

駒の尾山山頂はのっぺりとしており、広場になっている

6

静かなおごしき山山頂には平成之大馬鹿門が立つ

44

ブナの美林を楽しむ広大な尾根歩き

扇ノ山

おうぎのせん
1310m

日帰り

歩行時間＝2時間5分
歩行距離＝6・5km

技術度 ★☆☆☆☆
体力度 ★☆☆☆☆

コース定数	＝10
標高差	＝264m
累積標高差	↗ 401m ↘ 401m

上山高原から見た扇ノ山（左奥のピーク）

展望台から鳥取市街を望む

扇ノ山は、兵庫県最高峰・氷《ひょう》ノ山《せん》のさらに北に、ゆったりした大きな山容を横たえて、但馬《たじま》の名山として古くから親しまれている。日本300名山の一峰でもある。兵庫・鳥取の県境が山頂の北で東に折れているので、厳密には山頂部は鳥取県に属している。バス利用では日帰りができないため、マイカーでのアプローチとなる（青《あお》下《げ》なら平日と土曜に湯村《ゆむら》温泉8時29分発のバス便あり）。北にのびる稜線直下の水とのふれあい広場に駐車場があり、ここを利用すれば山の大きさのわりに往復3時間と、手軽に登ることができる。時間に余裕があるので、アプローチ途中の上山《うえやま》高原やシワガラの滝にはぜひ立ち寄りたい。

水とのふれあい広場から林道を南に進むとすぐに河合谷《かわいだに》登山口が

■鉄道・バス
往路・復路＝公共交通機関を利用しての登山は難しい。

■マイカー
舞鶴若狭自動車道春日ICから北近畿豊岡自動車道経由和田山八鹿道路八鹿氷ノ山ICを出て、国道9号を鳥取方面へ。新温泉町に入り、上山高原の道路表示にしたがって左折、海上、上山高原を経て水とのふれあい広場駐車場へ（無料）。八鹿氷ノ山ICから約62キロ、約1時間30分。

■登山適期
ゴールデンウィークは例年残雪が多い。ブナの新緑は5月中・下旬から。紅葉は10月下旬ごろ。冬は山スキー、スノーシューが楽しめるが、車が入れない。鳥取県側の姫路登山口を利用する人が多い。

■アドバイス
▽雪解け後すぐは道路が荒れていて通行止めの場合があるので事前に確認を。
▽歩き足りない人は上山高原を起点にして左馬殿道（荒れている）を経由してラウンドすることができる。所要

上山高原

トイレと避難小屋のある上山高原はススキの山

鳥取県側の水とのふれあい広場がスタート地点となる

上地コースとの分岐。地形がわかりにくく、道標が目印になる

鳥取市街を見下ろす展望台まで来ると山頂は近い

避難小屋のある扇ノ山山頂。南の展望がよい

ある。ひと登りすると登山道は平坦になり、やがて小ヅッコ小屋からの道と合流する。しばらく杉の混じる樹林帯だが、やがてみごとなブナの純林となる。小ヅッコとよばれる小ピークはあるものの、ほぼフラットで快適な登山道が続く。**大ヅッコ**の前後で少しアップダウンが現れるが苦になるほどではない。ちなみに小ヅッコ、大ヅッコには特に山名板などはないので地図で確認しておこう。

最後に扇ノ山への登りが現れるが、それもつかの間、登りきると鳥取市街と日本海を一望する展望台がある。**扇ノ山**山頂はそこから5分ほどだ。避難小屋のある山頂から南を見ると、ひときわ大きな氷ノ山がゆったりと横たわっている。

下山は往路を戻る。

6時間。

▽シワガラの滝への登山道は鎖場のある急坂で、川床に下りてからも左右に徒渉しながら遡行する。往復1時間は見ておきたい。

シワガラの滝

■問合せ先
新温泉町商工観光課☎0796・82・5625

■2万5000分ノ1地形図
扇ノ山

45

植村直己ふるさとの山で巨樹とブナ林を堪能する

蘇武岳

そぶだけ
1074m

日帰り

歩行時間=5時間25分
歩行距離=10・9km

技術度
体力度

コース定数	=**24**
標高差	=761m
累積標高差	↗1051m ↘1051m

↑万場スキー場と大杉山を見る。蘇武岳は左の方で見えていない

←展望抜群の蘇武岳の頂上。正面の山並みは扇ノ山だ

蘇武岳は豊岡《とよおか》市日高《ひだか》町のスキー場で知られる神鍋《かんなべ》高原にある。植村直己のふるさとの山としても有名だ。コースは豊岡市側、香美《かみ》町側といくつかあるが、近年は巨樹が楽しめる豊岡市側のコースが人気だ。

万場《まんば》バス停でバスを降り、万場スキー場へ向かう。スキー場手前の**天神社《てんじんしゃ》**近くにトイレと案内板のある登山者用駐車場がある。車道をスキー場へ向かい、ゲレンデを横目に進んで、**万場登山口**から川沿いの登山道に入る。

やがて川は二股に分かれるが、左の谷に入る。口《くち》の滝を見て中《なか》の滝まで来ると大杉山《おおすぎやま》への登山道が左に**分岐**するが、そのまま直進して巨樹コースに入ろう。みごとな夫婦カツラを見て、その先で左の

■**鉄道・バス**
往路・復路＝JR山陰本線江原駅から全但バス約25分で万場バス停へ。

■**マイカー**
舞鶴若狭自動車道春日ICから北近畿豊岡自動車道日高神鍋高原ICを出て、国道482号を西へ、「八反滝」看板のある三差路を左に入り、万場スキー場へ。天神社横に登山者用駐車場がある。

■**登山適期**
新緑は5月初旬から、紅葉は11月初旬～中旬。冬季は完全な雪山になる。

■**アドバイス**
▽大杉山九合目あたりから北にのびる尾根上にみごとなあがりこブナがある。ルートは急斜面のある上級者向け。

大杉山の支脈にあるあがりこブナ

頂上直下の鞍部から蘇武岳山頂を見る

谷をつめていく。何本も株が分かれたカツラ親分を見ると、右上にトチの巨木が目に入る。巨木の先からは斜面の急登だ。急斜面だがブナ林が美しい。再び谷筋に入り、つめていくと**名色《なしき》コース分岐**に着く。

分岐は右へ。雪の重みで斜めになった灌木帯をすぎると背の高いブナが林立する尾根になる。主稜線手前まで来ると**大杉山分岐**がある。ここを左にとって主稜線を進んでいく。山頂の見える鞍部に出たら、直登せずに、いったん山頂の南まで出て**蘇武岳**山頂へ。展望

▽道の駅神鍋高原に神鍋温泉ゆとろぎ☎0796・45・1515がある。
■問合せ先
日高神鍋観光協会☎0796・45・0800、全但バス豊岡営業所☎0796・23・2286
■2万5000分ノ1地形図
栃本・神鍋山

CHECK POINT

1 万場の登山者用駐車場。近くの天神社には大トチがある

2 万場スキー場の奥にある巨樹コースの登山口

3 巨樹(谷)コースと尾根コースの分岐にある中の滝

4 名色コース分岐で蘇武岳へ続く尾根に出る

5 鞍部から頂上へ直登せずに回りこむと登頂歓迎の柱が立つ

6 大杉山山頂直下の大杉。巨樹を見てきたので小ぶりに見える

は広大で、西には氷《ひょう》ノ山《せん》から扇《おうぎ》ノ山《せん》のなだらかな山並が横たわっている。

　下山はいったん**大杉山分岐**まで戻り、次に大杉山を目指す。コブごとに一ツ山から四ツ山まで名前がつけられたアップダウンを繰り返して**大杉山**に着く。

　大杉山からは東へ道をとる。すぐにりっぱな杉があるが、登りで見た巨木に比べるとやや見劣りする。ここから九合目までは急坂だ。ブナ林を尾根伝いに下り、最下部で右にカーブしていくと中の滝の**分岐**に着く。

　あとは**万場バス停**を目指すだけだが、時間があれば道の駅まで足をのばせば温泉がある。

大杉山へと向かう道もブナ林が続く

コシキ岩の上から登ってきた稜線を見る

4

日帰り

氷ノ山

ひょうのせん
1510m

但馬の自然をたっぷりと楽しめる兵庫県最高峰

歩行時間＝8時間25分
歩行距離＝17・5km

技術度 ▲▲
体力度 ♥♥

コース定数＝**36**

標高差＝939m

累積標高差 ↗1437m ↘1437m

氷ノ山は、兵庫・鳥取県境に横たわるゆったりと大きな山。その堂々とした姿は、まさに但馬《たじま》の主で、京阪神の登山者には昔から親しまれてきた名山中の名山だ。但馬生まれの昭和初期の登山家・加藤文太郎は、但馬の山々を日本アルプスになぞらえたが、その象徴という意味だろうか、氷ノ山を「兵庫槍」とよんでいる。ところで、「ひょうのせん」または地形図に併記されている「須賀《すが》ノ山《せん》」は鳥取県側のよび名で、兵庫県側では「ひょうのやま」とよばれていた。

氷ノ山鉢伏口《はちぶせぐち》バス停から左に下る道に入り、登山口の**福定《ふくさだ》親水公園**へ。ここには駐車場とトイレ、登山届箱がある。

遊歩道を谷に沿って奥に進むと、右手に兵庫の山々を紹介したことで知られる多田《ただ》繁治を顕彰する多田ケルンがある。その先で荒れた川筋をたどり登山道に入ると、やがて正面に布滝《ぬのたき》が見えてくる。滝を正面に見る橋の手前で左へ、ここからが本格的な登り。つづら折りに急坂を登り、ようやく

コシキ岩を越えて山頂へ。三角屋根の避難小屋が目印になる

傾斜が緩くなると、広場になった場所に**地蔵堂**が建つ。

しばらくは緩やかだが、やがてまた急坂になる。この急坂を登りきると主稜線上の**氷ノ山越**《ごえ》にたどり着く。ここからの登りは先ほどまでと比べると緩やかで、みごとなブナ林の中を進んでいく。

やがて正面に山頂が見えはじめるが、その手前の岩頭がコシキ岩だ。その手前で仙谷《せんだに》コースを右に見送り、北側を巻くようにしてコシキ岩を越える。ちなみに、越えたところで踏跡をたどれば岩の上に立てる。さらに登り続けると、避難小屋のある**氷ノ山**山頂だ。さすがは但馬の主峰、３６０度の展望が広がる。

余力があれば、山頂から南に三《さん》ノ丸《まる》を目指そう。ササが高いので周囲の展望は見えにくいが、三ノ丸に近づくにつれて背後の展望がよくなる。氷ノ山を見るには**三ノ丸**がおすすめだ。

氷ノ山山頂に戻り、東へ。高層湿原の古生沼《こせぬま》をすぎ、杉の古木が立ち並ぶ古千本《こせんぼん》を抜けると、東尾

■鉄道・バス
往路・復路＝ＪＲ山陰本線八鹿駅から全但バス23分で氷ノ山鉢伏口バス停へ。

■マイカー
舞鶴若狭自動車道春日ICから北近畿豊岡自動車道八鹿氷ノ山ICを出て、国道９号を鳥取方面へ。関神社前交差点で左折し、県道87号で福定親水公園駐車場へ（無料）。ICから約23キロ、約30分。

■登山適期
ゴールデンウィークは例年残雪が多い。ブナの新緑は5月中・下旬から。紅葉は10月下旬ごろ。冬は山スキー、スノーシューが楽しめるが、鳥取県側からがポピュラー。

■アドバイス
▽京阪神から公共交通機関を使っての日帰りは難しい。前夜、福定の民宿あるいは八鹿駅周辺で宿泊する。
▽長時間の行動になるので、体力的に難しいようであれば三ノ丸への登山はカットしよう。
▽何箇所か水場があるが、涸れることもあるので、飲料水はしっかりともっておきたい。

■問合せ先
氷ノ山鉢伏観光協会☎０７９・６６０・２０２４、全但バス八鹿営業所☎０７９・６６２・６１５１

■2万5000分ノ1地形図
氷ノ山

根分岐の**神大《しんだい》ヒュッテ**に着く。ここで左に折れ、時折谷を絡みながら山腹道を下っていく。ブナの美林をすぎ、**避難小屋**で左に下っていくと**東尾根登山口**に下り着く。あとはスキー場の道をたどって、**親水公園**に下ればよい。

山頂には三角点の横に避難小屋が建っている

CHECK POINT

1

実質的なスタート地点となる福定親水公園

2

氷ノ山の名瀑のひとつ、布滝。ここから本格的な登りに

3

尾根の中間地点の地蔵堂。氷ノ山越は伊勢参りの道だった

4

氷ノ山越で主稜線に出る。この向こうは鳥取県だ

5

三ノ丸まで足をのばすと、氷ノ山ののびやかな姿が見える

6

杉の古木が林立する古千本を抜けていく

7

東尾根の分岐点に建つ神大ヒュッテ。一般には非公開

8

東尾根登山口の分岐にも避難小屋が建っている

9

東尾根登山口に下りてきた。あとはスキー場の道を下る

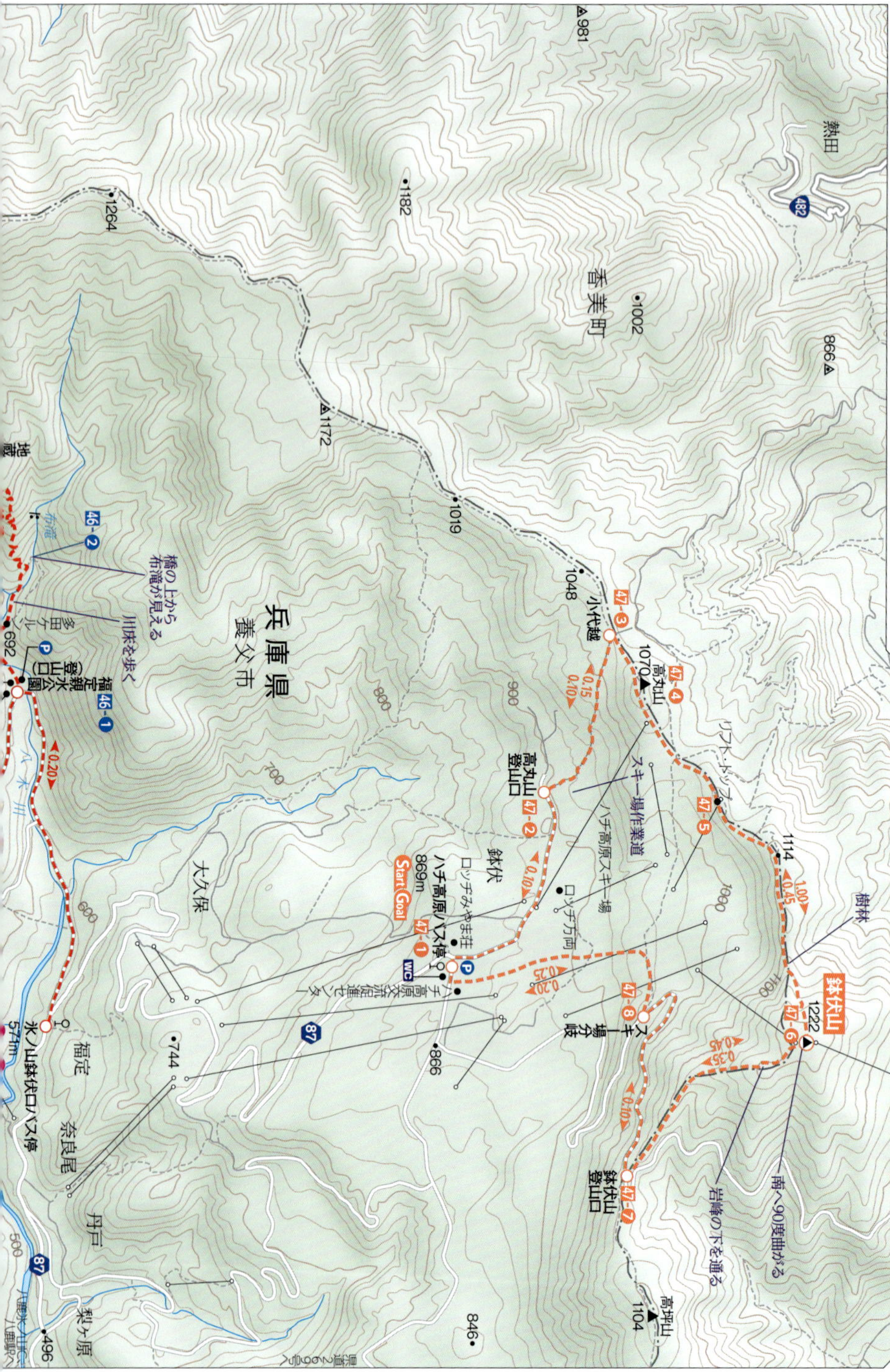

兵庫県
養父市
香美町
熱田
鉢伏山
1222
高丸山
1070
小代越
高丸山登山口
鉢伏山登山口
高坪山
1104
ハチ高原スキー場
スキー場作業道
ロッヂ方面
ロッヂみやま荘
ハチ高原バス停
869m
Start Goal
ハチ高原交流促進センター
スキー場分岐
リフト・トップ
樹林
南へ90度曲がる
岩峰の下を通る
ハチ北高原へ
鉢伏
大久保
福定
奈良尾
丹戸
梨ヶ原
氷ノ山鉢伏口バス停
574m
福定親水公園登山口
多田ヶヘル
川床を歩く
橋の上から布滝が見える
布滝
地蔵
八木川
1264
1182
1172
1019
1048
1002
981
866
1114
744
866
846
692
496

鳥取県
若桜町
宍粟市
三ノ丸
1464
三ノ丸避難小屋
展望棟
氷ノ山の展望よし
1218
1448
1344
氷ノ山
1510
千年キャラボク
コシキ岩
仙谷分岐
山頂避難小屋
古生沼
古千本
1394
神大ヒュッテ
ブナ林
1278
氷ノ山越
氷ノ山越避難小屋
1332
一口の水
石仏
涸れることもある
ひえの水
961
1260
903
氷ノ山国際スキー場
逆水キャンプ場
セントラルロッジ
東尾根登山口
東尾根避難小屋
東尾根
一ノ谷休憩場
ドウダンツツジ群落
1212
大段ヶ平
1094
1068
812
1:25,000
0
500m
N
46は44氷ノ山のコース番号とCHECK POINT番号です
47は45鉢伏山のコース番号とCHECK POINT番号です

47 県下最高峰の氷ノ山を間近に見る高原歩き

鉢伏山

はちぶせやま
1222m

日帰り

歩行時間＝2時間30分
歩行距離＝6・0km

技術度
体力度

コース定数＝11	
標高差＝353m	
累積標高差	↗472m ↘472m

鉢伏山は、その東南斜面がハチ高原スキー場になっている。登山はその周囲をめぐるが、スキー場ができる以前は山スキーの領域で、みごとなブナ林があったという。

現在は往時を想像することさえできないが、ススキの草原と南にどっしりと横たわる氷《ひょう》ノ山《せん》の雄姿が、但馬《たじま》の名山であったころを偲ばせてくれる。

高丸山からスキー場の上部を回りこむように鉢伏山へ

ハチ高原バス停には広い駐車場とハチ高原交流促進センターがある。ロッヂみやま荘の正面の道路を左へ、ロッジが点在する道を歩くと、やがて右にスキー場の作業道が派生する。**高丸山《たかまるやま》登山口**はそのすぐ先。ススキの原につくられた広い道をひと登りすると、先の作業道と合流する。左手に大きくなっていく氷ノ山を見ながら登っていくと、縦走路がのびる主稜線上の**小代越《おじろごえ》**に着く。

高丸山へは急坂をひと登り。山頂には木道が設けられている。広くなった道をいったん下り、登り返していく。リフト・トップをすぎると、やがて周囲は樹木に包まれるようになり、最後にササの茂る急坂を登りつめて**鉢伏山**山頂に着く。ここでようやく北側の展望

■鉄道・バス
往路・復路＝JR山陰本線八鹿駅から全但バス約55分で終点の鉢伏（ハチ高原）バス停へ。

■マイカー
北近畿自動車道八鹿氷ノ山IC下車、国道9号を西進、県道87号、269号を経由してハチ高原へ。ハチ高原交流促進センター前に無料駐車場がある。約80㌔、1時間30分。

■登山適期
冬季はスキー場となるため、積雪期以外であれば問題はない。ススキの美しい10月中旬ごろからがおすすめ。日影がないため真夏は不向き。

■アドバイス
▽コースは短く、危険箇所もないが、山頂で南東への方向転換を間違えないようにすること。

■問合せ先
氷ノ山鉢伏観光協会☎079・660・2024、全但バス八鹿営業所☎079・662・6151

ススキの原が広がる道を高丸山へ

鉢伏山山頂から鉢伏高原を見下ろす

が開け、真北に日本海、北西に蘇《そ》武岳《ぶだけ》のゆったりとした稜線が横たわる。

　稜線はそのまま西にのびるが、小屋のある南側に下山口がある。岩峰を迂回して、快適な道を下っていくと林道に下り立つ。ここが**鉢伏山登山口**だ。

　林道を右に下っていき、ヘアピンカーブを曲がると左に**スキー場へ続く道が派生**するので入っていく。スキー場に入れば、あとは場内の好きな場所を**ハチ高原バス停**のある駐車場に向けて下ればいい。古くなってわかりにくいが、遊歩道もついている。

■2万5000分ノ1地形図
氷ノ山

CHECK POINT

1

ハチ高原バス停は広い観光駐車場の横にある

2

高丸山の登山口。車道を歩くと案内標示がある

3

ススキの原を上がって鞍部の小代越に出る

4

登り着いた高丸山の山頂周辺は木道が敷かれている

5

スキー場のリフト・トップも小ピークの頂上にある

6

鉢伏山の山頂は展望も360度で、但馬の山々が一望できる

7

稜線伝いに下り、鉢伏山登山口で林道に出る

8

大きなヘアピンカーブをすぎるとスキー場への分岐がある

＊コース図は122～123㌻を参照。

48

来日岳

1等三角点の山と城崎温泉を楽しむ

くるひだけ
567m

日帰り

歩行時間＝4時間30分
歩行距離＝10・1km

技術度 ■□□□□
体力度 ■□□□□

コース定数＝**20**	
標高差＝562m	
累積標高差	↗ 834m
	↘ 834m

↑大師山からは城崎の街並みと円山川が見下ろせる

←柳と川と橋と——城崎は温泉町の風情を味わう要素がそろう

　関西を代表する温泉街のひとつ、城崎《きのさき》温泉。その背後にそびえるのが来日岳だ。1等三角点の山としても知られるが、近年は晩秋に雲海が楽しめる山として人気が高い。

　城崎温泉駅から線路に沿って南下して、踏切を渡って円山《まるやま》川沿いに出る。線路を右にして歩き続けると、来日岳登山口を示す道標がある。宮代《みやしろ》川橋梁をくぐって畦道を行くと**西登山口**がある。

　登山道はしばらく急坂が続く。道端には八十八箇所巡礼のものだろうか、点々と石仏が立っている。304㍍の頭まで登りつめて、ようやくひと息つける。

　いったん下り、「**中間点**」の標識が立つ鞍部から登り返していくと道は広くなる。やがて周辺は美しいブナの樹林となる。そのまま登りつめていくと山頂だが、山頂の展望休憩所（あずまや）の100㍍ほど下で左に分岐する道があり、たどっていくと円山川の流れを一望できる八《はち》畳岩《じょういわ》があるので、立ち寄ろう。岩から直進していくと山頂の西側に

■鉄道・バス
往路・復路＝JR山陽本線城崎温泉駅が起・終点駅。

■マイカー
舞鶴若狭自動車道春日ICから北近畿豊岡自動車道に入り、有料区間を経て国道312号、482号を走り、円山川リバーサイドラインで城崎温泉へ。城崎温泉駅周辺、温泉街、ロープウェイ駅周辺に有料駐車場がある。約83㌔、1時間30分。

■登山適期
通年登れるが、冬季は積雪が多いこともある。軽アイゼンは携行したい。積雪量によってはスノーシューも必要。紅葉は10月下旬～11月上旬。雲海は11月上旬から。

■アドバイス
▽城崎温泉はいわずと知れた名湯。7つの外湯があり、それぞれ営業時間、休館日が異なる。

■問合せ先
城崎温泉観光協会☎0796・32・3663

■2万5000分ノ1地形図
城崎